KB244090

for Android © users

twitter
그대로 따라하기

Author Profile

정원영

여행과 시, 음악을 좋아하는 청년시인, 달빛 가는 데로 구름 닿는 데로 세상을 여행 중이다. 한 줄짜리 트위터를 통해 많은 사람들을 만나고 세상의 지평을 점점 넓히고 있다. 스마트폰을 사용하면서부터 부쩍 늘어난 활동으로 진짜 사람들의 이야기를 듣기 위해 또 여행을 떠난다. 〈디자인 ATTT〉를 운영중이다. 아이폰용 앱을 개발하였으며 잡지 등에 IT 컬럼을 연재중인 다재 다능하고 패기있는 문학청년이다.

트위터 세상에서 함께하실 분들은 연락하시라!
@thebangul, http:www.bangul.com

초판 인쇄일 _ 2010년 11월 6일
초판 발행일 _ 2010년 11월 9일
글쓴이 _ 정원영
기획진행 _ 구홍림
디자인 · 본문편집 _ 이희경
본문삽화 _ 안홍준
표지디자인 _ 안홍준
영업마케팅 _ 김남권, 황대일, 서지영, 김보균
발행인 _ 박정모
등록번호 _ 제9-295호
발행처 _ 도서출판 혜지원
주소 _ (130-844) 서울시 동대문구 장안 1동 420-3호
전화 _ 02)2212-1227, 2213-1227 / 팩스 _ 02)2247-1227
홈페이지 _ www.hyejiwon.co.kr
ISBN _ 978-89-8379-673-8
정 가 _ 9,000원

Copyright ⓒ 2010 by 정원영 All rights reserved.
No Part of this book may be reproduced or transmitted in any form, by any means without the prior written permission on the publisher.
이 책은 저작권법에 의해 보호를 받는 저작물이므로 어떠한 형태의 무단 전재나 복제도 금합니다. 본문 중에 인용한 제품명은 각 개발사의 등록상표이며, 특허법과 저작권법 등에 의해 보호를 받고 있습니다.

for Android users

twitter
그대로 따라하기

정원영 지음

혜지원

개 방성과 개발의 편리성을 무기로 하는 안드로이드폰이 우리 주변에 자리잡은지도 벌써 1년이 넘어가고 있습니다. 이전에 PDA로 대표되던 인터넷이 가능한 전화에서 손안의 작은 컴퓨터라 할 수 있는 스마트폰으로의 발전은 어쩌면 이미 예견되어 있는 일이었습니다. 안드로이드폰의 가장 큰 장점인 개방성을 무기로 다양한 기기와 함께 통신사별의 서비스와 스마트폰의 기능이 혼재하는 특이한 시장을 열고 있습니다. 그 중에서도 트위터는 소통의 공간으로, 또한 언제 어디서나 존재하는 공기와 같은 서비스로 킬러 아이템이 되고 있습니다.

다수의 의견이나 특정인의 이야기만이 미디어를 통해서 나타나는 서비스와 트위터의 차이점이라면, 나의 의견도 그 속에서 다양하게 나타나고 다른 사람들의 이야기도 내가 언제든지 참여할 수 있는 것입니다. 복잡하게 보일지 모르지만 시골 장터와 같은 분위기 자체가 사람들을 열광시키고 있는 것은 분명합니다. 이러한 트위터와 SNS에 처음 들어가면 말을 다시 배우는 것과 같은 일종의 재 사회화를 거치게 되는 과정이 있습니다. 일단 적응되면 지금까지 이런 서비스를 안 쓰고 어떻게 살았는가 할 정도로 중독성까지 가집니다. 이 책에서는 그 첫 걸음인 트위터 서비스를 사용하는 방법과 휴대기기로 일종의 플래그십 모델인 안드로이드폰과 함께 이 책에서 트위터의 첫 걸음을 함께 했으면 합니다.

개인적으로 이번 해에 좋은 일들이 많이 있었습니다. 한국문인협회에 가입이 되어 정식 문인이 되었습니다. 좋은 시와 글로 여러분과 많이 만나고 싶습니다. 풋내기 시인이지만 언젠가는 멋진 글을 남길 수 있도록 노력할 것 입니다. 그 외에 지금 현재 IT 관련 컬럼을 문학바탕(@munhakvatang)에서 연재하고 있습니다. 이후로도 여러분의 많은 관심과 도움들이 저에게는 발전의 원동력이 될 것입니다.

이 책이 있게 해 준 혜지원의 박정모 사장님, 구홍림 팀장님과 편집팀, 아이티고의 심영기 대표님께 우선 감사드립니다. 원고를 작성하는 동안에 밤늦게까지 응원을 해준 친구들과 아이디어에 많은 도움을 준 여울, 수형, 병훈에게도 고마운 마음을 드립니다.

글을 작업하는데 영감을 주신 시인 임춘원 선생님께도 감사드리며 트위터에서 많은 응원을 해주셨던 트위터 친구들(@Saynity @wowdelos @kashou051 @tubbieskjm @poemddeok @babonara @boporu @min0628 @yiboram #chachadang)에게도 인사를 드리고 싶습니다. 그 외에 가족들과 日本の中寸由美, 中寸和己, 田中正人さんて感謝いたします.

이 책에 대해 궁금한 점이나 이야기를 나누고 싶다면 언제든지 @thebangul이나 http:www.bangul.com에서 만날 수 있습니다.

2010년 11월 저자 정원영 드림

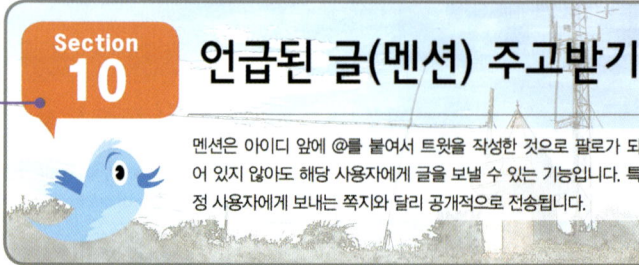

Section : 파트별 주제에 따른 주요 항목으로 구분되며 다양한 기능들을 소개합니다.

Section 10

언급된 글(멘션) 주고받기

멘션은 아이디 앞에 @를 붙여서 트윗을 작성한 것으로 팔로가 되어 있지 않아도 해당 사용자에게 글을 보낼 수 있는 기능입니다. 특정 사용자에게 보내는 쪽지와 달리 공개적으로 전송됩니다.

소제목 : 각 섹션에서 배울 구체적인 제목입니다.

01 나에게 온 멘션보기

01 트위터 어플리케이션 메인에서 [내가 언급된 글]을 누릅니다.

> **Tip**
> 내가 언급된 글은 나에게 보낸 멘션을 뜻합니다. '@아이디'의 형태로 내용을 입력한 글 중에 내 아이디로 보낸 글을 따로 볼 수 있습니다.

02 나를 언급한 글이 나타납니다.

따라하기 : 단계별로 필요한 화면을 자세히 설명해주고 진행 순서를 파악할 수 있습니다.

안드로이드 폰 사용자를 위한 팁

안드로이드폰에서는 기본적으로 다양한 프로그램이 멀티태스킹됩니다. 쓰지 않는 프로그램을 정리해야 배터리를 오래 쓸 수 있습니다.

Special Tip : 이 책을 보면서 참고할 만한 용어나 개념 설명, 또는 본문에서 따라하기식으로 설명하지 못하는 내용을 추가적으로 설명하였습니다.

❶ 메인화면에서 프로그램 실행 중 위젯을 누릅니다.

❷ 현재 실행중인 프로그램이 나타납니다. [모두 종료]를 누릅니다.

C o n t e n t s 차례

P·a·r·t

Social Network Service(SNS) 란 무엇인가?

P·a·r·t

피쳐폰을 사용한 SNS

소셜네트워크, 사회망제공으로 불리는 개인형 서비스는
국내에서도 있었고 블로그의 형태로도 나타났으며
개인홈페이지 바람까지 여러 가지 형태로 있었습니다.
이제는 트위터의 형태로 누구나 함께하는
새로운 방식의 서비스가 우리 앞에 나타났습니다.

01 사람들이 모이는 곳, 그곳이 SNS

사회가 발전할수록 수많은 사람들 간의 이야깃거리는 많아질 수밖에 없습니다. 이야기들은 "발 없는 말이 천리간다"는 속담처럼 순식간에 세상을 돌아다니게 됩니다. 고려시대나 조선시대도 아닌 지금의 IT 시대에도 속담의 뜻이 이어지는 것은 마찬가지입니다. 오히려 속도가 더 빨라져 지구 반대편까지 소식이 전해지는데 단 30분도 걸리지 않습니다. 이것은 언어의 장벽을 뛰어넘을 수 있는 집단지성의 힘과 컴퓨터의 등장으로 인한 것이라 할 수 있습니다.

지금 우리는 이것을 사회망제공(Social Network Service : SNS) 또는 집단지성연결과 같은 이름으로 부르고 있습니다.

02 초창기의 SNS는 어떤 모습이었나?

트위터나 페이스북이 현재는 가장 많은 사용자와 국적불문의 서비스로 인기를 끌고 있으며 대부분의 사용자들은 간단한 신변잡기에서부터 지진, 화산폭발과 같은 대형사고까지 내용도 다양하게 세분화되고 있습니다.

인기를 끄는 스티브잡스나 빌게이츠까지도 트위터와 페이스북 등의 서비스에서 직접적으로 사용자들과 대화를 하기도 하고 얼마 전에는 청와대에서도 국민과의 대화채널로 트위터를 활용하기 시작했습니다. 물론 일부 몰지각한 상업주의나 일부 편향된 집단의 행위도 있지만 서비스 자체의 단순함이나 빠른 속도로 인한 자체적인 해결방법으로 인해 그 영향은 미미한 실정입니다.

사회망제공은 어떠한 하나의 기업이나 단체가 만든 것이 아닌 전 세계적으로 자생적으로 만들어진 소통의 창구입니다. 인터넷이 초기에는 정보의 일방적 전달만이 목적이었고 그것을 소비하는 주체들만이 있던 것에 비해 인터넷을 통해 할 수 있는 것들이 많았기에 결국 사생활까지도 다른 사람들과 함께하고 싶어하는 욕구에 의해 점점 그 기능이 확대된 결과로 볼 수 있습니다.

03 외국에서 돌아온 역풍

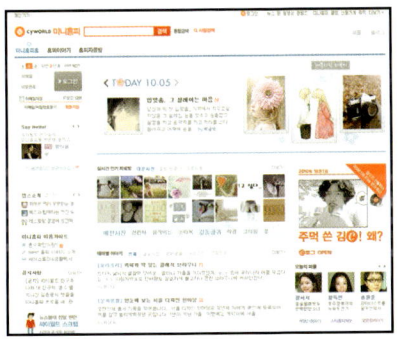
싸이월드 홈페이지

네이버 블로그 홈페이지

2000년대 초반 그 당시로서 가장 진보된 형태의 개인포탈사이트인 싸이월드가 출시되었습니다. 싸이월드에서는 "미니홈피" 서비스와 "일촌"이라는 개념을 통해서 개인별 서비스를 시작하였고 이 서비스에 일반인들이 사소한 자기정보를 공유하면서 자기만족감을 느끼게 되었습니다. 어디를 가도 자신이 누구인지 알기 위해서 나를 만나지

Section
02

Twitter는 무엇인가?

트위터는 SNS의 종착지 역할을 할 수 있는 여러 가지의 서비스 중 하나로 전망되고 있습니다. 트위터의 어떠한 면이 우리의 감성과 지성을 만족시켜 줄 수 있는지를 알아봅니다.

01 Twitter는 무엇인가?

지난 해부터 스마트폰과 함께 국내 언론에서 "떠들기"(tweet) 시작한 트위터는 이미 20~30대의 메신저를 뛰어넘어 커다란 하나의 마당을 제공하며 사람들에게 "떠드는"(트윗은 새가 지저귀는 소리) 수다의 장소로 자리매김하고 있습니다. 트위터는 SNS(Social Network Service)로 불리는 사회연결수단을 제공하고 있으며 이러한 연결들은 전 세계를 돌아 우리나라에까지 나타나게 되었습니다.

02 어떤 방식의 서비스인가?

트위터 세상에서는 아무리 내용을 많이 적어봐야 140자가 최대 글자 수 입니다. 이것은 기존 블로그나 싸이월드에서 내용을 조금 적었을 때 느끼는 컨텐츠가 부족한 느낌을 없앨 수 있게 되었습니다. 즉, 내가 한 마디만 한다고 해도 아무런 이상한 기분이 들지 않도록 구조가 되어 있습니다.

한 가지 더 트위터의 장점을 들자면 댓글 "맨션"(mention)의 특이한 구조입니다. 트위터에서는 모든 아이디 앞에 @표시가 붙습니다. 그리고 누군가 나의 트위터 @아이디의 형식으로 글을 쓴다면 나의 트위터에 그 글이 나타납니다.

또한 그 글에 여러 명의 아이디가 있다면 그 사용자들에게도 그 글이 보이게 됩니다. 이것은 내가 원하는 사람과 소통을 하며 커다란 운동장에서 고함을 치는것과 같습니다. 듣고 싶은 사람만 내 이야기를 듣고 있으니 그저 우리는 이야기를 하기만 하면 되는 것입니다.

03 트위터 입문하기

아이폰용 앱

안드로이드용 앱

트위터는 공식 사이트 twitter.com에서 가입하고 사용할 수 있습니다. 트위터의 API(프로그램 개발용 코드)를 제공하므로 우리가 트위터 홈페이지에서 사용하기 보다는 스마트폰이나 프로그램을 따로 실행해서 사용하는 경우가 많습니다. 만일 트위터를 처음 하는 경우라면 이 책에서 다루는 방법 중 한 가지를 선택해서 지금 바로 시작해볼 수 있습니다.

시골의사 박경철 (@chondoc)의 트위터

버락 오바마 대통령 (@BarackObama)의 트위터

　트위터에는 수많은 유명인사들 즉, 배우나 정치인 등이 활동하고 있습니다. 이러한 유명인사들이 하는 이야기를 듣고 보기 어려웠던 예전과 다르게 실시간으로 즉석에서 그 내용을 읽고 답글을 달 수 있습니다. 특히 연예인들이 남기는 트윗들은 실시간으로 촬영이나 상태 등을 업데이트 하므로 이전에는 알 수 없었던 궁금한 사생활이나 취미까지 알 수 있습니다. 민감할 수 있는 정책이나 정치에 대한 이야기도 스스럼없이 나눌 수 있으며 이러한 소통의 문화가 정치권까지 점점 많이 퍼져나가고 있습니다.

http://www.twitteranalyzer.com
자신의 팔로어, 유명도, 링크, 태그까지 다양한 정보를 볼 수 있는 분석 사이트(영문)

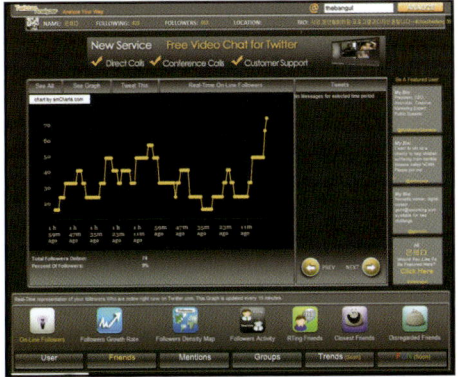

http://yfrog.com/
트위터에 이미지를 올릴 수 있게 도와주는 사이트. 사이트 내부에서 인기 있는 사진을 골라볼 수 있습니다.

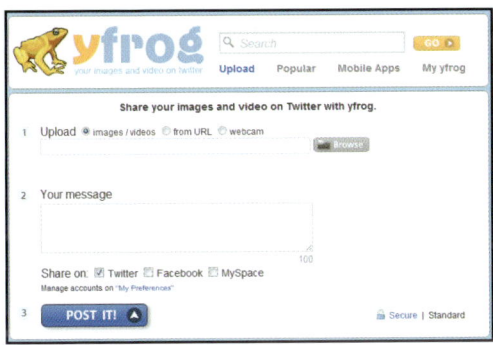

트위터는 지역, 문화, 유행을 모두 한 눈에 볼 수 있습니다. 트위터에서 제공하는 기능에 스마트폰과 각종 기기들이 함께 모여 다양한 서비스를 만들어내고 있습니다. 그림, 동영상, 하이퍼링크는 기본이고 위치 추적과 패턴분석 등의 기능까지도 트위터에서 제공하고 있습니다. 대부분의 트위터의 첫 목적은 다른 사람들과의 대화이지만 이속에서 광고, 구인 구직 등의 활동을 시도하는 사람들도 있습니다. 아직은 부가적인 서비스들이 많이 발전하지 않았지만 곧 그 시장이 커질 것이며 트위터가 아닌 것 같으면서 트위터의 기능을 사용하는 시스템까지도 등장하게 될 것입니다.

06 트위터 용어

트위터도 하나의 사이트에서 운영되기 때문에 사이트에서 사용하는 각종 용어들과 사용자들이 만들어낸 용어들이 많이 있습니다. 트위터 세상의 가나다를 먼저 배워봅시다.

트윗
Tweet
트위터의 기본 글 단위. 140자를 넘을 수 없다. 사전적인 의미로는 '새가 지저귀다'라는 뜻이 있다.

타임라인
Timeline
사용자마다 자신이 작성한 글과 자신이 받은 글들을 모아둔 목록. 자신이 보고 싶은 내용만 골라볼 수 있는 것이 특징이다.

멘션
mention
특정 사용자에게 글을 보이게 하는 식별자인 @표시를 포함하는 글. 이렇게 쓴 글은 특정 사용자와 나의 타임라인에서만 볼 수 있게 된다(공개, 비공개 설정이 가능).

쪽지 또는 DM
Message
일종의 쪽지 기능으로 비공개로 한 명의 사용자에게만 보이게 글을 보내는 기능. 이 기능을 사용하면 개인정보나 민감한 사항이 있는 글을 주고받을 수 있다.

답글
Reply
다른 사람의 트윗에 답장을 하는 것이다. 보통 Reply를 하게 되면 대상이 되는 사람에게 멘션을 쓰게 된다.

리트윗 (RT)
Retweet
다른 사람의 글을 그대로 나의 타임라인에 복사하는 기능이다. 원래 글에 다른 변경이 없으면서 내 타임라인에 그대로 복사되므로 신속한 정보를 전달할 때 유용하다.

리스트
List
자신이 유용하다고 생각하는 사람들의 글만 따로 모아서 보는 기능. 타임라인에 내가 팔로우(Follow)하는 사람의 모든 글이 보여 복잡하므로 간단하게 검색하지 않고 볼 수 있다.

팔로우
Follow
다른 사용자의 글을 보겠다는 의사표시. 다른 사람을 팔로우하게 되면 그 사람이 작성하는 모든 글들이 타임라인에 나타나게 된다.

맞팔
(맞 팔로우)
나를 팔로우한 사람에게 나도 팔로우를 하는 행위. 이렇게 하면 두 사람의 타임라인에 각자가 작성한 글이 동시에 보이게 된다.

팔로어
Follower
팔로어는 나를 팔로우하고 있는 사람을 뜻하며 이 수가 많을수록 나의 글을 많은 사람들이 보고 있다고 생각할 수 있다.

팔로잉
Following
내가 팔로우하고 있는 사람들이며 이 팔로잉에 들어가는 사람들의 글을 나의 타임라인에서 실시간으로 볼 수 있다.

블록 Block	다른 사용자의 글이 마음에 들지 않는 경우에 해당 사용자를 블록하면 그 사용자가 나에게 멘션을 해도 보이지 않는다.
언블록 un-Block	블록한 사용자를 블록에서 해제하는 것이다.
스팸 Spam	광고글이나 광고를 자주 올리거나 이상한 사용자들을 걸러내기 위한 신고 시스템이다.
떼멘 떼-mention	여러 명에게 동시에 멘션을 보내며 돌아가며 보내는 것. 두세 명이 시작해서 눈덩이처럼 굴리는 것이 다반사이다.

07 트위터 사이트 둘러보기

트위터에서 사용하는 서비스를 간단히 보겠습니다.

■■ 트위터의 초기 화면입니다.

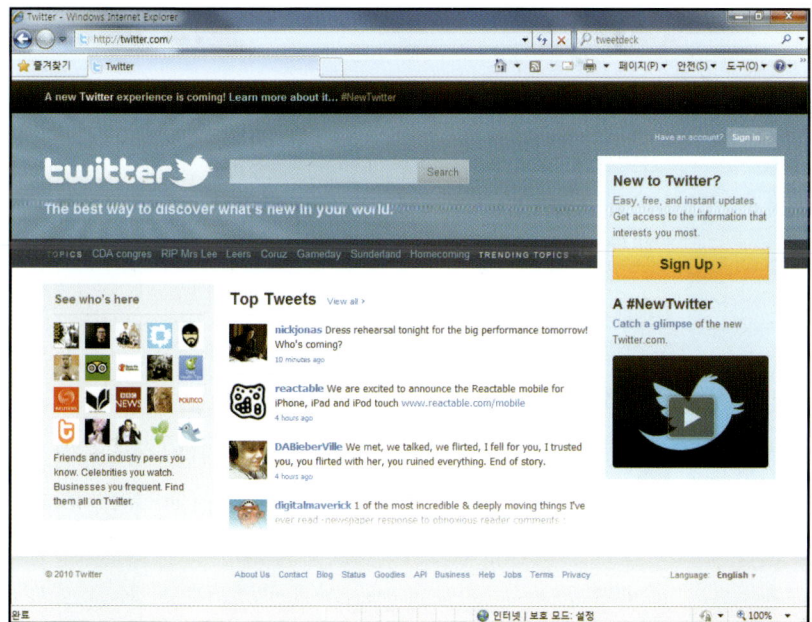

■■ 트위터의 홈페이지는 간단한 가입안내와 검색창, 현재 올라오는
글들을 볼 수 있는 Top Tweets 등이 있습니다.

■■ 특히 Top tweets에서는 현재 실시간으로 올리는 사람들의 글이
나타납니다.

■■ 트위터 타임라인에서는 다양한 사람들의 이야기가 흐르고 있습니다.

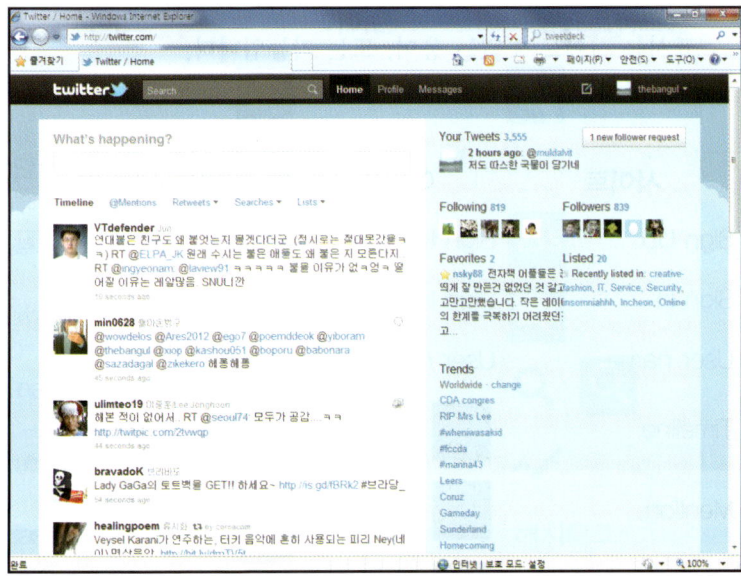

■■ 사용자 정보를 수정하여 다른 사람들이 나를 잘 알 수 있게 합니다.

Part 2
Android폰에서
트위터사용하기

안드로이드 폰(갤럭시S)에서의 트위터 가입방법과
공식어플의 설치와 사용법에 대해서 알아봅니다.

안드로이드 등록하기

안드로이드폰을 구입하면 가장 먼저 해야 할 것이 안드로이드 마켓과 안드로이드 등록입니다. 이 과정을 거치지 않은 안드로이드폰은 마켓이나 이메일 연락처 공유 등의 서비스를 사용하지 못하는 상태이므로 반쪽 스마트폰인 셈입니다. 과정이 조금 복잡할 수 있으니 잘 따라해 보세요.

01 초기화면에서 [마켓] 아이콘을 누릅니다.

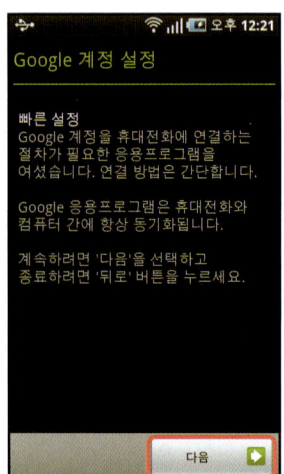

02 Google 계정 설정이 나타나면 [다음]을 누릅니다.

Tip

여기가 나타나지 않는다면 이미 설정이 되어 있거나 등록이 되어 있는 상태입니다. 트위터 앱 다운로드로 바로 넘어가면 됩니다. 또는 로그인 창이 나타날 수 있습니다. 그때에는 전에 설정한 구글 계정으로 로그인하면 됩니다.

03 [계정 만들기]를 누릅니다.

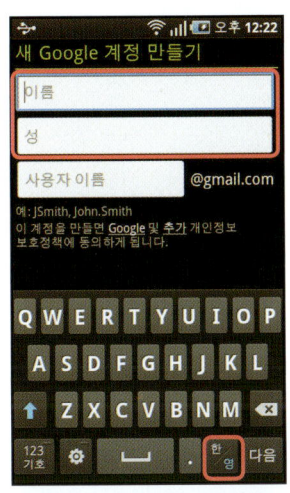

04 이름과 성을 입력합니다. 을 누르면 영문/한글로 변경됩니다.

05 계정을 만들기 위한 정보를 입력하고 Gmail 계정으로 사용할 아이디도 입력합니다. 이메일 중간에 '. (마침표)'가 들어갈 수 있습니다. 키보드 아래에 있는 [완료]를 누릅니다.

06 [다음]을 누릅니다.

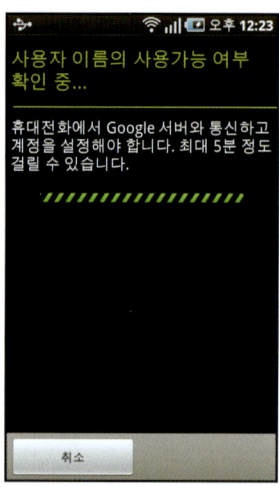

07 사용이 가능한지 체크가 시작됩니다.

08 아이디로 사용할 수 없는 아이디를 입력하면 이렇게 아이디를 다시 입력하라는 창이 나타납니다. 사용 가능한 이름을 다시 입력합니다.

Tip
여기에서 통과되면 비밀번호 입력으로 넘어갑니다 → 11번

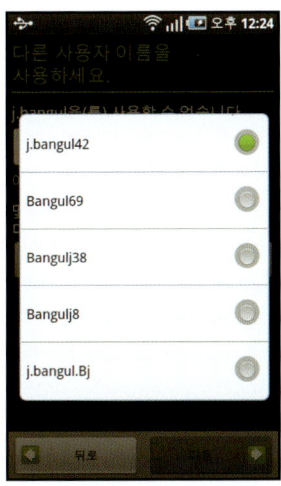

09 비슷한 아이디로 사용을 원하면 하나를 고를 수 있습니다. 기기의 취소(돌아가기) 키를 누릅니다.

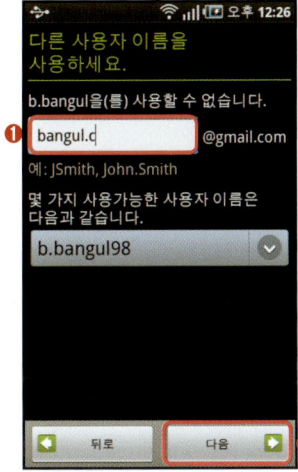

10 다른 이름으로 바꾸어 적고 다시 [다음]을 누릅니다.

Tip

이메일 아이디에는 ' . (마침표)'가 들어갈 수 있습니다. 외국에서는 일반적으로 이름.성의 순서로 많이 사용하고 있습니다.

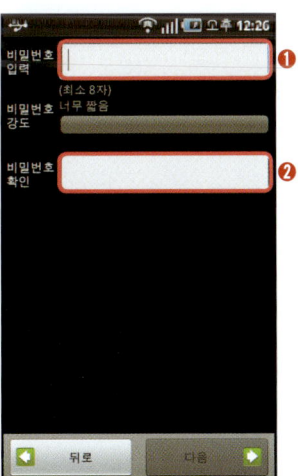

11 통과가 되면 비밀번호를 물어봅니다. 비밀번호를 입력합니다.

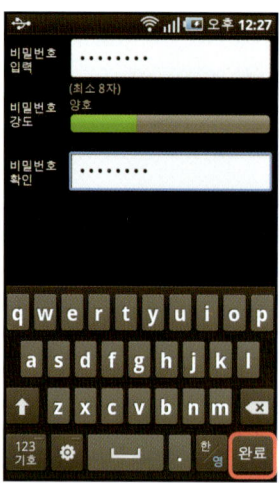

12 아래쪽까지 모두 입력하고 [완료]를 누릅니다.

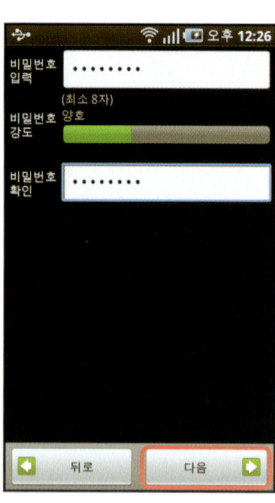

13 [다음]을 누릅니다.

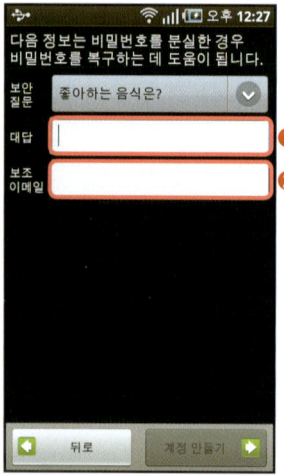

14 암호를 잊었을 때 찾을 수 있는 질문입니다. 질문과 대답을 입력하고 기존에 사용하던 이메일 아이디를 하나 더 입력합니다.

Tip

보조 이메일은 반드시 잘 알고 있는 계정으로 하세요. 아이디를 잃어버렸을 때 자신의 아이디를 찾을 수 있는 가장 빠른 방법입니다.

15 [완료]를 누르고 [계정 만들기]를 누릅니다.

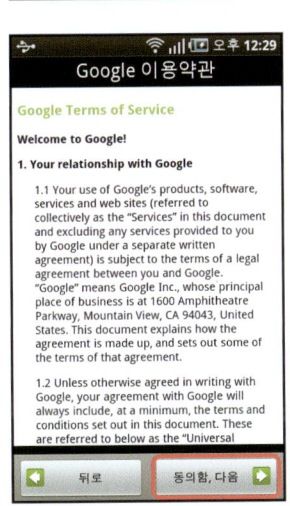

16 이용약관이 나오면 [동의함, 다음]을 누릅니다.

17 마지막으로 사람이 기입하는지 확인하기 위한 단계가 남았습니다. 그림에 보이는 단어를 정확히 입력하고 [완료]를 누릅니다.

> **Tip**
> 영문이나 숫자가 섞여서 나오므로 잘 보고 입력해야 합니다.

18 [다음]을 누릅니다.

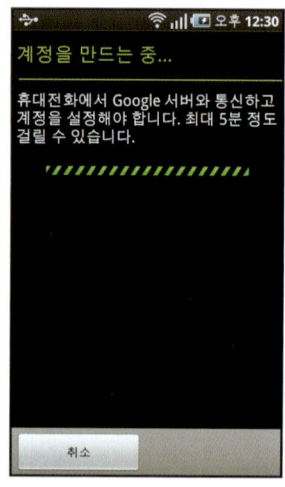

19 잠시 계정이 만들어지는 동안 기다립니다.

20 화면이 다시 홈으로 돌아가면서 생성되었음을 알려줍니다.

21 상태 표시줄에 Gmail 아이콘(이메일)이 나타납니다. 상태 표시줄을 끌어서 표시합니다.

Tip

상태 표시줄을 잠시 누르면 메뉴를 끌어서 나타낼 수 있습니다.

22 알림에 있는 [새 이메일]을 누릅니다.

23 계정이 만들어지면서 이메일이 와 있습니다.

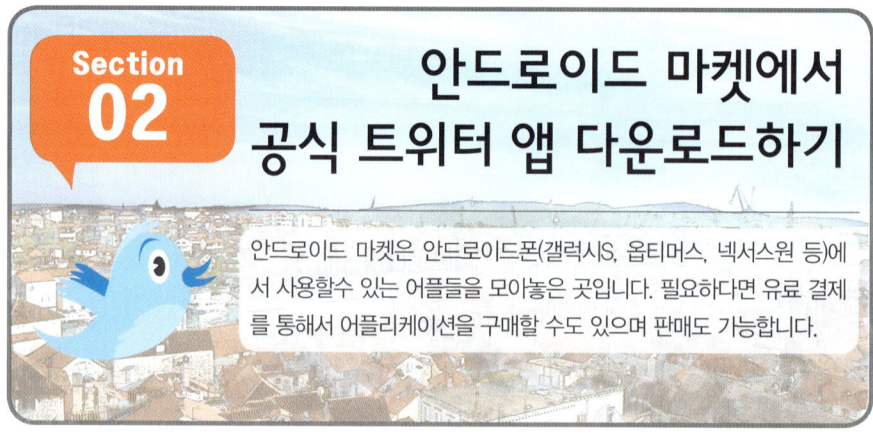

안드로이드 마켓은 안드로이드폰(갤럭시S, 옵티머스, 넥서스원 등)에서 사용할수 있는 어플들을 모아놓은 곳입니다. 필요하다면 유료 결제를 통해서 어플리케이션을 구매할 수도 있으며 판매도 가능합니다.

01 홈 화면에서 [마켓]을 누릅니다.

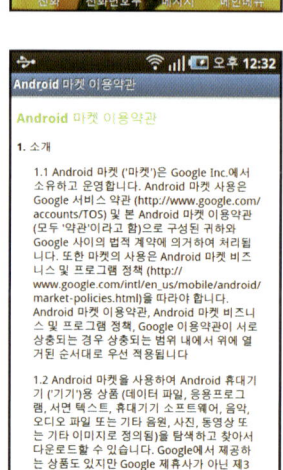

02 Android 마켓 이용약관에 동의하면 [동의]를 누릅니다.

03 마켓 초기 화면에서 오른쪽 상단의 🔍을 누릅니다.

Tip

🔍은 검색을 하는 버튼입니다.

04 검색창을 누릅니다. ■을 눌러 영문자판을 엽니다.

05 "twitter"를 입력하고 오른쪽의 🔍을 누릅니다.

Tip

키보드 하단 오른쪽에 있는 돋보기 버튼(🔍)을 눌러도 됩니다.

06 [Twitter] 앱(무료)을 누릅니다.

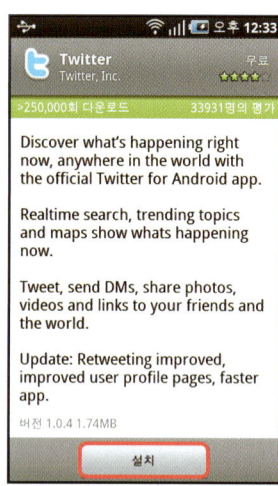

07 Twitter. Inc가 제작사인지 확인합니다. [설치]를 누릅니다.

Tip
제작사는 어플 이름 바로 아랫줄에 나타나 있습니다.

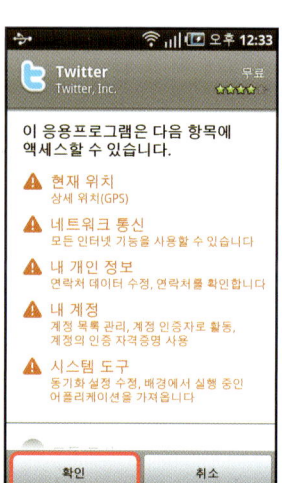

08 엑세스 경고를 확인하고 [확인] 버튼을 누릅니다.

09 다운로드가 시작 됩니다.

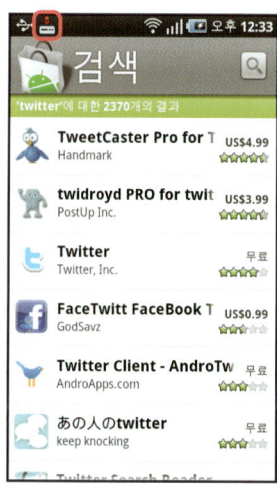

10 상태 표시줄에 아이콘이 나타났습니다. 기다립니다.

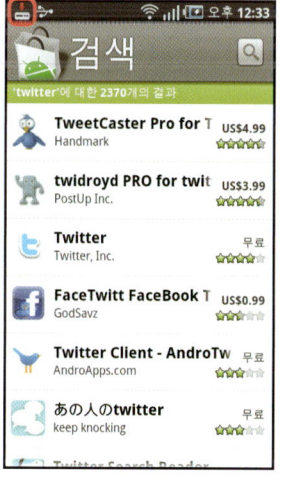

11 상태 표시줄에 아이콘이 바뀌고 실제 다운로드와 설치가 진행됩니다.

12 아이콘이 v 모양으로 바뀌면 설치가 완료된 것입니다. [홈 키]를 누릅니다.

13 [메인 메뉴]를 누릅니다.

14 오른쪽 화면을 보기 위해서 왼쪽으로 쓸어내기를 합니다.

15 다시 한 번 오른쪽으로 쓸어내기 합니다.

16 트위터 앱이 설치된 것을 확인할 수 있습니다.

Tip

초기 상태에서는 세 번째 화면에 나타나지만 다른 앱을 설치했다면 위치는 다를 수 있습니다. 화면은 앱 설치에 따라 위치가 달라집니다.

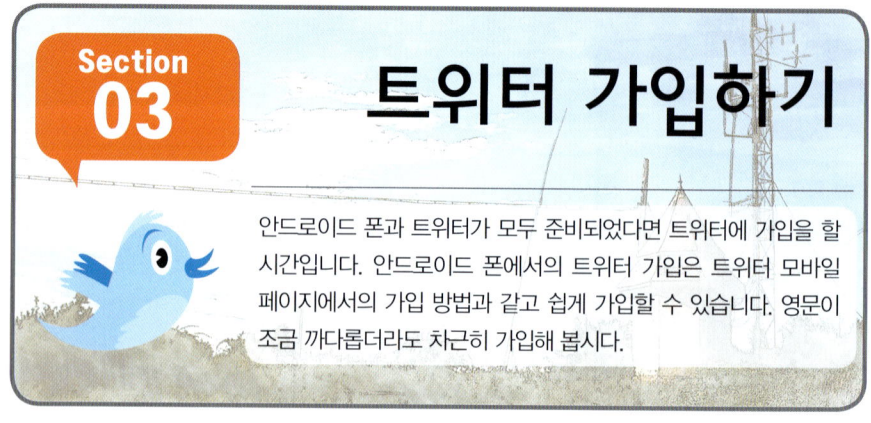

Section 03

트위터 가입하기

안드로이드 폰과 트위터가 모두 준비되었다면 트위터에 가입을 할 시간입니다. 안드로이드 폰에서의 트위터 가입은 트위터 모바일 페이지에서의 가입 방법과 같고 쉽게 가입할 수 있습니다. 영문이 조금 까다롭더라도 차근히 가입해 봅시다.

01 [트위터] 어플리케이션을 누릅니다.

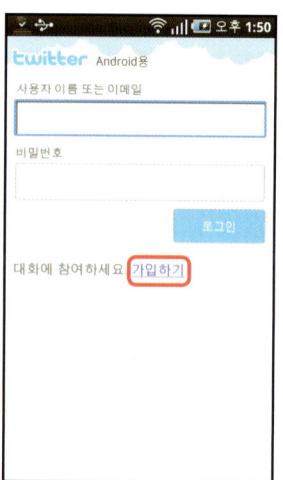

02 [가입하기]를 누릅니다.

03 Full Name은 다른 사람에게 보이는 이름이고 Twitter Username이 아이디입니다.

04 Full name은 원하는대로 입력이 가능하지만 Username은 다른 사용자와 겹치지 않게 해야 합니다.

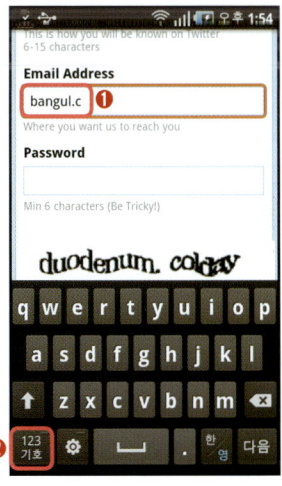

05 화면을 내리면 Email을 입력하는 창이 나타닙니다. 등록할 때 사용한 Gmail 계정을 입력합니다. 중간에 @를 입력하기위해 ⌨ 버튼을 누릅니다.

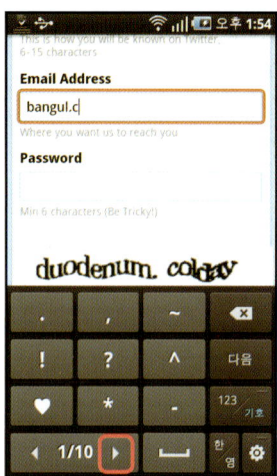

06 기호창이 나타나면 하단의 [▶]를 누릅니다.

07 2번째 창에 @가 있습니다. [@]를 누릅니다.

08 한영을 눌러 영문 입력으로 돌아옵니다.

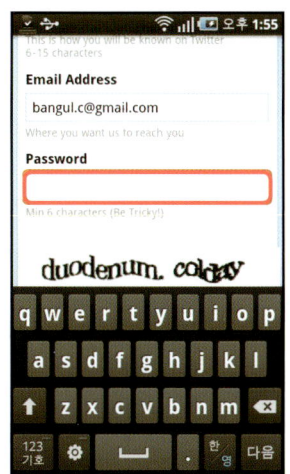

09 비밀번호를 정합니다.

> **Tip**
>
> 패스워드는 한 번만 입력하므로 정확하게 입력해야 합니다.

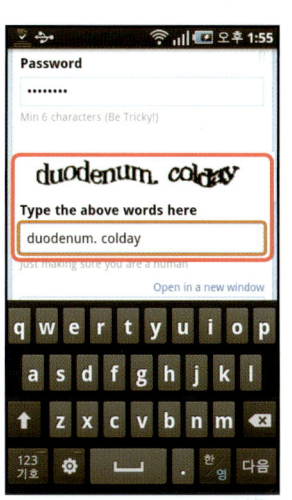

10 보이는 글자대로 입력합니다.

> **Tip**
>
> 사람이 직접 가입하는지를 확인하기 위해 글자의 모양이 조금 이상하게 보이는 것입니다.

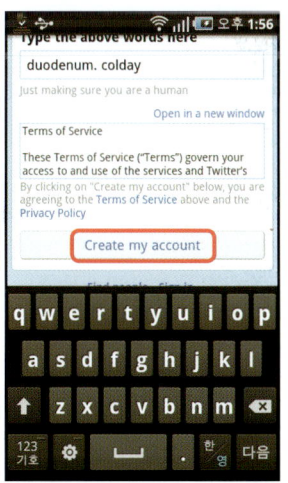

11 [Create my account]를 누릅니다.

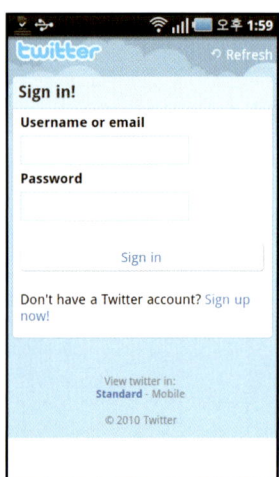

12 Sign In! 화면이 나타납니다.

Tip

이제 계정이 만들어진 것입니다.

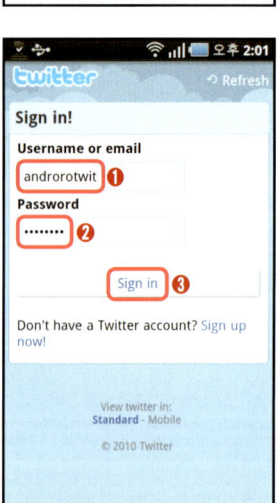

13 방금 전에 만든 아이디와 비밀번호를 입력하고 [Sign In]을 누릅니다.

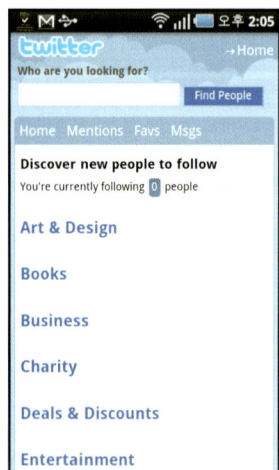

14 로그인이 되면 가입이 완료된 것입니다.

Tip

아직 가입이 완전히 되지 않았습니다. 반드시 다음에 있는 가입 인증하기를 해야 합니다. 인증은 앞에서 입력한 Gmail로 옵니다.

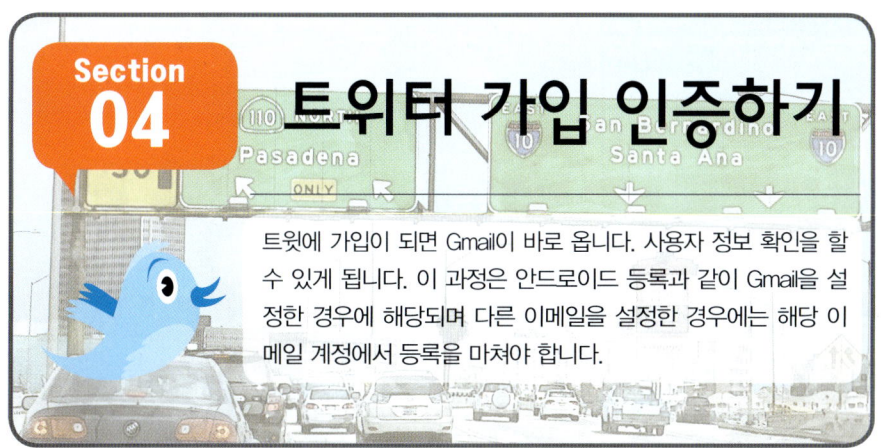

트위터 가입 인증하기

트윗에 가입이 되면 Gmail이 바로 옵니다. 사용자 정보 확인을 할 수 있게 됩니다. 이 과정은 안드로이드 등록과 같이 Gmail을 설정한 경우에 해당되며 다른 이메일을 설정한 경우에는 해당 이메일 계정에서 등록을 마쳐야 합니다.

01 작업 표시줄을 끌어내려 새 이메일을 확인합니다.

02 [Confirm your Twitter acc...] 메일을 누릅니다(가입과 동시에 왔습니다).

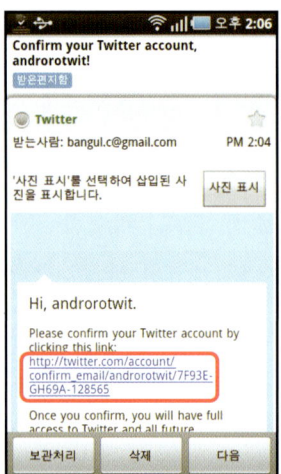

03 메일 중간에 있는 긴 주소를 누릅니다.

Tip

메일의 내용은 반드시 이 주소를 눌러야 한다고 되어 있는 내용입니다.

04 트위터 페이지로 바로 이동되며 이제 트위터 계정을 사용할 수 있다고 나타납니다.

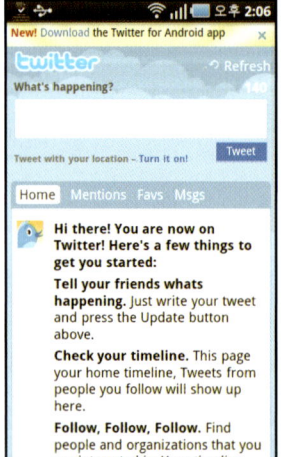

05 이때 새로운 이메일이 다시 하나 도착합니다. 알림이 자동으로 뜹니다. 작업 표시줄을 끌어내려 새 이메일을 누릅니다.

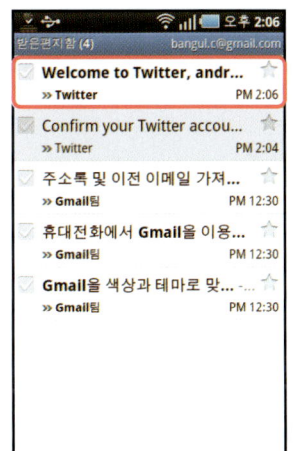

06 [Welcome to Twitter…]라는 메일이 도착해 있습니다. 메일을 누릅니다.

07 메일에는 이제 Twitter에 등록이 완료되었음을 축하하는 메시지입니다. [다음]을 누릅니다.

> **Tip**
>
> [사진 표시] 버튼을 누르면 이메일에 포함된 사진을 보여줍니다.
>
>

트위터 어플리케이션
로그인하기

트위터 어플리케이션에 로그인을 하는 순간부터 우리는 자유로운 모바일에서의 트윗생활을 시작하게 됩니다. 두근거리는 첫 순간을 시작해 보겠습니다.

01 홈 화면에서 [메인 메뉴]를 누릅니다.

02 트위터 어플리케이션을 누릅니다.

Tip

어플리케이션을 찾을 수 없다면 화면을 이동해 보세요. 기본 화면은 3번째이지만 이미 다른 어플들이 많이 있다면 한참 뒤쪽에 있을 수 있습니다.

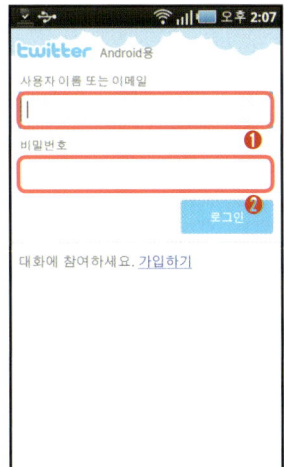

03 사용자 이름(아이디)와 비밀번호를 입력합니다.

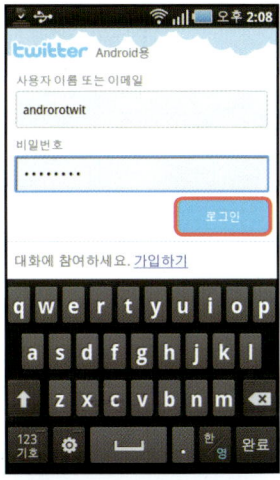

04 [로그인]을 누릅니다.

Tip

만일 사용자 이름(Username)이 기억나지 않는다면 등록된 이메일로 로그인이 가능합니다.

05 로그인이 시작됩니다.

06 처음 로그인했다면 동기화를 물어봅니다. 우선 [동기화 안함]을 누릅니다.

> **Tip**
>
> 나중에 동기화를 할 수도 있습니다. 동기화를 하면 구글계정과 동기화 되고 Gmail에서 아이디와 전화번호를 모두 동기화 할 수 있습니다. 하지만 상당히 많은 정보가 동기화 되어서 복잡해집니다.

07 [완료]를 누릅니다.

08 트위터 앱의 첫 화면이 나타납니다.

> **Tip**
>
> 안드로이드폰에서 사용하는 용어는 사전적으로 번역을 했기 때문에 약간의 의미상 오해가 있을 수 있습니다.

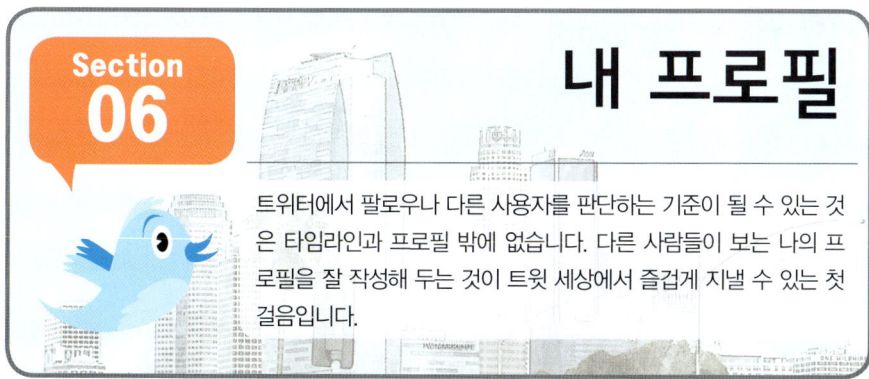

Section 06 내 프로필

트위터에서 팔로우나 다른 사용자를 판단하는 기준이 될 수 있는 것
은 타임라인과 프로필 밖에 없습니다. 다른 사람들이 보는 나의 프
로필을 잘 작성해 두는 것이 트윗 세상에서 즐겁게 지낼 수 있는 첫
걸음입니다.

01 프로필 보기

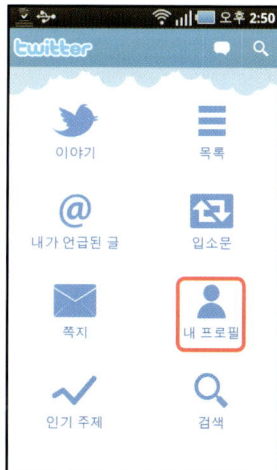

01 트위터 어플리케이션 메인에서 [내 프로필]을 누
릅니다.

02 나의 프로필이 나타납니다. 사진과 설명 등의 각
종 변경 가능한 내역들이 있습니다.

> **Tip**
> 이름, 설명, 웹URL(홈페이지 주소), 위치 등의 정보
> 는 변경이 가능합니다.

프로필의 가장 기본이 되는 사진 바꾸기입니다.

01 트위터 어플리케이션 메인에서 [내 프로필]을 누릅니다.

02 메뉴 키를 누릅니다.

Tip
메뉴 키는 기기 하단(하드웨어)에 있으며 왼쪽에 있는 버튼입니다.

03 [프로필 사진 변경]을 누릅니다.

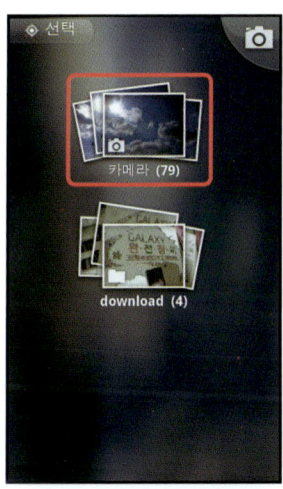

04 갤러리가 나타나면 지금까지 찍은 사진과 다운로드 받은 사진이 나타납니다. [카메라]를 누릅니다.

Tip

다른 폴더에 PC를 이용해서 넣은 그림이나 이미지들도 나타납니다. 폴더를 생성해서 넣은 경우 폴더 이름이 나타납니다.

05 첫 번째 사진을 선택합니다(카메라로 찍은 사진이 여기에 모두 나타납니다).

06 사진에서 정사각형 안쪽 부분이 프로필로 사용할
수 있는 부분입니다. [저장]을 누릅니다.

Tip
사진을 상하좌우로 이동하거나 크게, 작게 할 수 있습
니다.

07 사진을 올리는 중입니다.

08 프로필 사진이 바뀌었습니다.

03 이름 수정하기

다른 사람에게 보이는 내 이름을 수정할 수 있습니다.

01 트위터 어플리케이션 메인에서 [내 프로필]을 누릅니다.

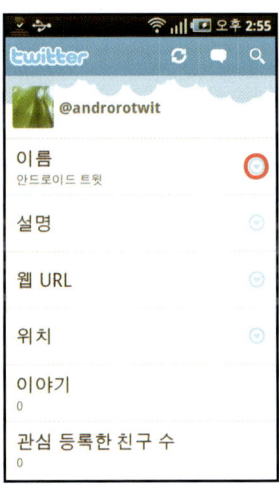

02 이름 오른쪽에 드롭 아이콘(⊙)을 누릅니다.

03 [수정]을 누릅니다.

04 프로필의 이름 수정창에 새로운 이름을 입력합니다.

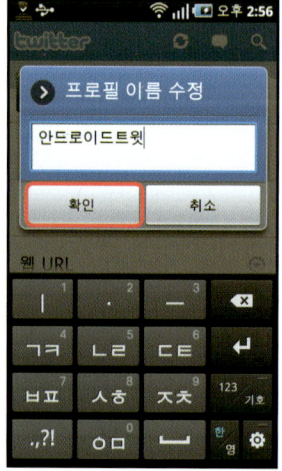

05 여기에서는 이름에 있던 공백을 지웠습니다. [확인]을 누릅니다.

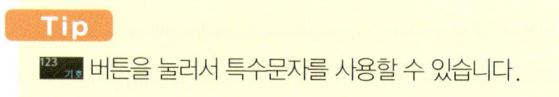

Tip

 버튼을 눌러서 특수문자를 사용할 수 있습니다.

06 프로필 업데이트 중입니다.

07 이름이 변경되었습니다.

04 설명 수정하기

나를 간단히 설명할 수 있는 설명글을 작성할 수 있습니다.

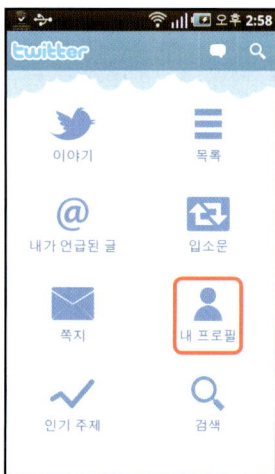

01 트위터 어플리케이션 메인에서 [내 프로필]을 누릅니다.

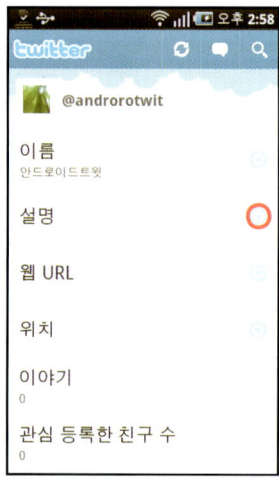

02 설명 오른쪽의 드롭 아이콘(◉)을 누릅니다.

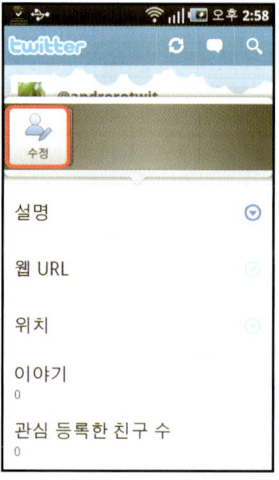

03 [수정]을 누릅니다.

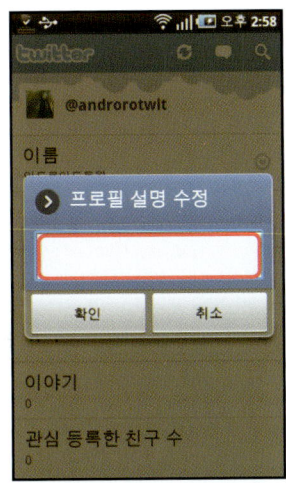

04 프로필 설명을 수정합니다.

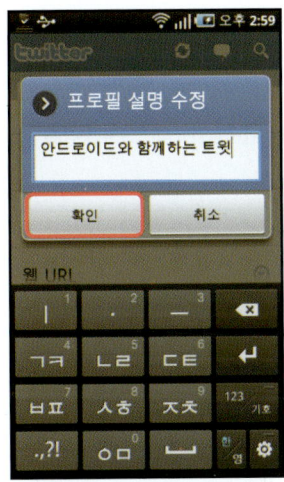

05 내용을 모두 적었으면 [확인]을 누릅니다.

06 프로필 업데이트 중입니다.

07 설명이 바뀐 것을 볼 수 있습니다.

웹 URL 수정하기

01 트위터 어플리케이션 메인에서 [내 프로필]을 누릅니다.

02 웹 URL 오른쪽의 드롭 아이콘( )을 누릅니다.

03 [수정]을 누릅니다.

04 프로필 URL 수정 창에 웹 주소를 넣습니다. 이곳에 미니홈피나 블로그 아이디를 넣을 수도 있습니다.

05 예제에서는 "hyejiwon.co.kr"을 입력했습니다. [확인]을 누릅니다.

06 프로필을 업데이트 중입니다.

07 주소가 활성화된 상태로 나타납니다.

<table>
</table>

| 06 | 위치 수정하기 |

위치에서는 자신의 위치를 대략적으로 나타낼 수 있습니다.

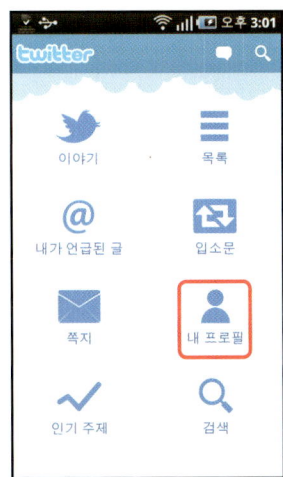

01 트위터 어플리케이션 메인에서 [내 프로필]을 누릅니다.

02 위치 오른쪽의 드롭 아이콘(◉)을 누릅니다.

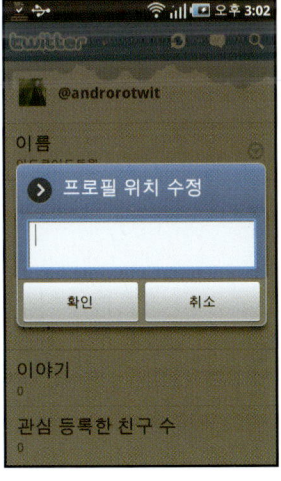

03 프로필 위치 수정창이 나타납니다.

04 간단히 위치를 입력합니다. 그리고 [확인]을 누릅니다.

Tip

도시 이름을 적거나 나라이름을 적을 수 있습니다. 여기에 어떤 장소의 이름을 써도 제약이 없습니다.

05 프로필을 수정 중입니다.

06 위치가 나타납니다.

Tip

이 위치는 자신의 실시간 위치나 정확한 위치가 아닙니다. 대부분 자신이 사는 도시를 입력합니다.

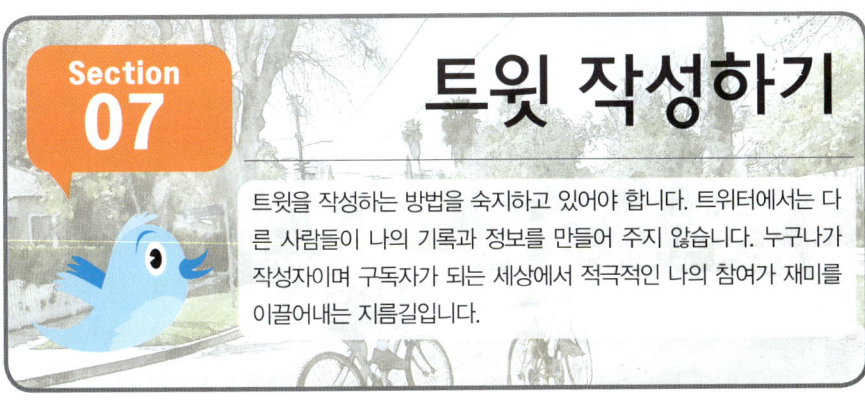

트윗 작성하기

트윗을 작성하는 방법을 숙지하고 있어야 합니다. 트위터에서는 다른 사람들이 나의 기록과 정보를 만들어 주지 않습니다. 누구나가 작성자이며 구독자가 되는 세상에서 적극적인 나의 참여가 재미를 이끌어내는 지름길입니다.

01 일반 트윗 작성하기

이제 처음으로 트윗을 작성해 보겠습니다.

01 트위터 첫 화면에서 상단의 💬을 누릅니다.

Tip

말풍선 아이콘은 목록이나 내가 언급된 글 등 다른 화면에서도 대부분 나타나 있습니다.

02 트윗에 쓰고 싶은 내용을 입력합니다.

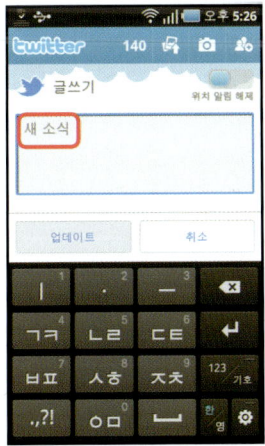

03 글 작성을 끝냈으면 [업데이트] 버튼을 누릅니다.

04 트위터 어플리케이션 메인 화면이 나타납니다.
[이야기]를 누릅니다.

05 이야기에 내용이 올라와 있는 것을 볼 수 있습니다.

사진을 포함한 트윗 작성하기

01 트위터 어플리케이션 메인에서 🗨을 누릅니다.

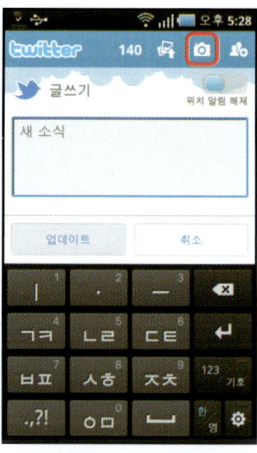

02 화면 상단에 있는 📷을 누릅니다.

Tip
사진을 넣기 위해 📷을 누르는 것입니다.

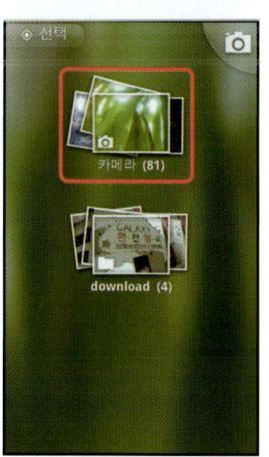

03 [카메라]를 누릅니다.

04 찍은 사진들이 나타납니다. 원하는 사진을 누릅니다.

05 이미지가 완전히 올라갈 때까지 이미지가 반투명하게 보입니다. 잠시 기다립니다.

06 이미지가 완전히 올라가면 이미지가 선명하게 보입니다.

07 트윗을 작성합니다. [업데이트] 버튼을 누릅니다.

08 이야기 게시 중이 나옵니다.

09 트위터 어플리케이션 메인 화면이 나타나면 [이야기]를 누릅니다.

10 사진이 포함된 트윗이 작성된 것을 확인할 수 있습니다. 활성화된 이미지 주소를 누릅니다.

11 큰 원본 이미지를 웹에서 볼 수 있습니다.

Tip

화면을 가로로 보면 크게 볼 수 있습니다. 자동 회전이 적용되어 시원한 화면에서 볼 수 있습니다.

03 인터넷 주소를 포함한 트윗 작성하기

트윗 내부에 인터넷 주소를 입력할 수 있습니다.

01 트위터 어플리케이션 메인 화면이 나타나면 [이야기]를 누릅니다.

02 영문 자판으로 바꾸기 위해 🔲 버튼을 누릅니다.

03 영문으로 "http"를 입력합니다.

Tip

대부분의 트위터 어플에서는 Http가 붙어있지 않으면 인터넷 주소로 인식하지 않습니다.

04 특수문자인 ':' 를 입력하기 위해서 [123/기호] 버튼을 누릅니다.

05 [123/기호] 버튼을 다시 누릅니다.

Tip

[123/기호]를 한 번 더 눌러야 ':'이 나옵니다.

06 하단에 있는 [▶] 아이콘을 눌러 ':' 기호를 찾습니다.

Tip

5번째 기호 모음에 가려면 [▶] 아이콘을 여러 번 눌러야 합니다.

07 버튼 중에 ':'를 눌러 입력합니다.

08 다음으로 '/' 기호를 입력하기위해 기호를 찾습니다. 하단의 [◀]를 누릅니다.

09 2번째 기호 모음에 '/' 버튼을 두 번 눌러 입력합니다. 그리고 ■ 버튼을 누릅니다.

10 영문으로 "www.hyejiwon.co.kr"를 입력합니다.

11 [업데이트]를 누릅니다.

12 이야기 게시 중이 나타납니다.

13 트위터 어플리케이션 첫 화면에서 [이야기]를 누릅니다.

14 트윗에 주소 부분이 파란색으로 활성화된 것을 볼 수 있습니다. 파란색 링크를 누릅니다.

15 인터넷으로 연결되어 해당 주소의 홈페이지가 나타납니다.

해시태그는 다른 사용자와 같은 주제를 가지고 검색과 공유를 할 수 있는 기능입니다. 여기에서는 단순히 사용법만을 따라해 봅니다.

01 트위터 어플리케이션 메인에서 글쓰기(☐)를 누릅니다.

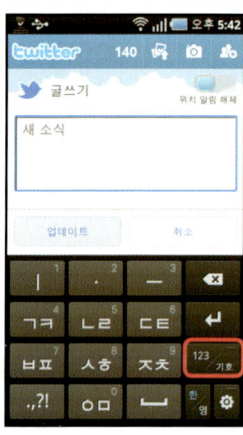

02 해시태그에는 # 기호가 반드시 필요합니다. ▦ 버튼을 누릅니다.

03 키보드의 ▦ 버튼을 한 번 더 누릅니다.

 04 기호가 나타나면 [▶]를 눌러 #를 찾습니다.

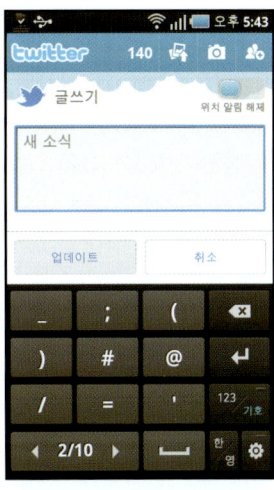 05 키보드의 2번째 모음에 #이 있습니다.

 06 키보드의 '#'을 누릅니다.

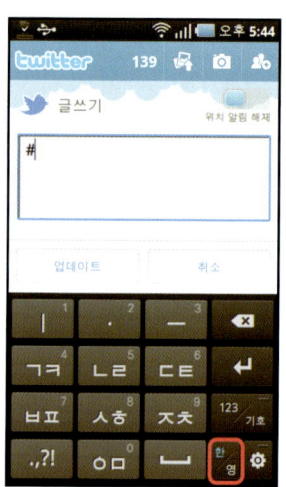

07 키보드의 버튼을 누릅니다.

08 영문으로 "NewHashtag"라고 입력합니다.

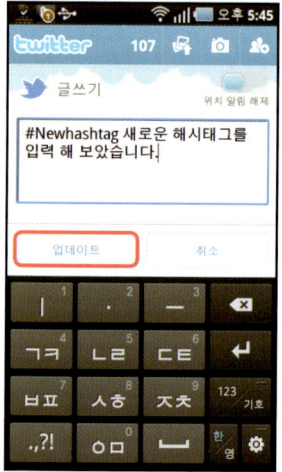

09 해시태그에서 한 칸 띄우고 트윗의 내용을 입력합니다. 작성을 마쳤으면 [업데이트] 버튼을 누릅니다.

Tip

반드시 해시태그와 내 글 사이에 한 칸이 띄어져 있어야 합니다.

10 이야기 게시 중이 나타납니다.

11 트위터 어플리케이션 메인 화면으로 이동되면 [이야기]를 누릅니다.

12 새로 작성된 트윗에 해시태그 부분이 활성화 된 것을 확인할 수 있습니다.

06

현재 위치를 포함해서 트윗 작성하기

트윗에 현재 위치를 포함해서 트윗을 작성하면 주변에 있는 사용자를 찾거나 내 위치를 다른 사람에게 알릴 수 있습니다.

01 트위터 어플리케이션 메인에서 ▭을 누릅니다.

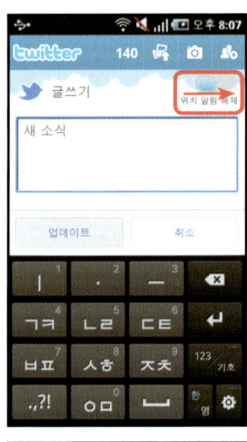

02 상단에 있는 위치 알림을 끌어 녹색이 되게 합니다.

03 위치를 가져오는 중입니다.

04 위치를 가져올 수 없다는 메시지가 나타나면 GPS 가 꺼져 있을 수 있습니다(기본설정).

Tip

실내에 있거나 GPS 신호가 약한 경우에도 위치가 잡히지 않습니다. 이런 경우에는 하늘이 보이는 곳으로 잠시 이동하거나 TMap 어플을 구동하면 위치가 빨리 잡힙니다.

05 상단의 상태 표시줄을 잠시 누르면 회색의 드롭이 나타납니다.

06 드롭을 아래로 끌어내립니다.

07 화면을 완전히 덮게 되면 GPS 아이콘을 눌러 녹색으로 활성화 시킵니다. 그리고 드롭을 위쪽으로 끌어 올립니다.

08 화면이 나타나면 위치 알림 해제 상태로 끌어놓습니다.

09 다시 위치정보를 활성 상태로 끌어놓습니다.

10 위치정보를 찾는 동안 상단에 이 나타납니다.

11 성공적으로 위치를 찾으면 아이콘이 나타납니다.

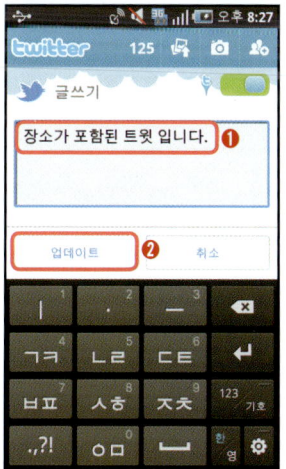

12 트윗을 작성합니다. [업데이트]를 누릅니다.

Tip

위치정보는 140자에 포함되지 않습니다.

13 이야기 게시 중이 나타납니다.

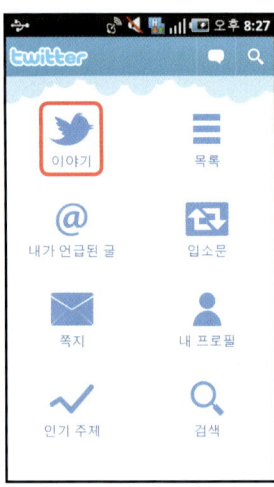

14 [이야기]를 누릅니다.

15 지금 작성한 트윗이 나타납니다.

> **Tip**
>
> 지금 막 작성한 트윗이 나타나지 않더라도 잠시 기다
> 리면 나타납니다. 설정된 시간에 따라서 자동으로 업
> 데이트 됩니다.

07

자동으로 업데이트하기

별다른 설정 없이도 자동으로 이야기가 업데이트됩니다. 이야기를 업데이트하는 방법을 변경 해 보겠습니다.

01 트위터 어플리케이션 메인에서 메뉴 키를 누릅니다.

Tip

메뉴 키는 기기 하단(하드웨어)에 있으며 왼쪽에 있는 버튼입니다.

02 [설정]을 누릅니다.

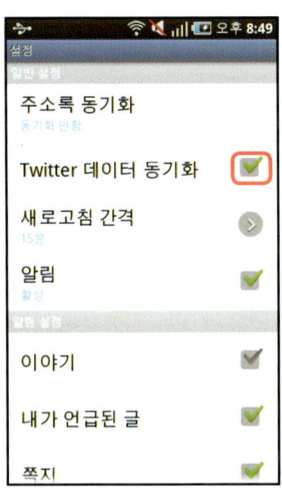

03 Twitter 데이터 동기화에 녹색 체크표시가 있으면 자동으로 업데이트 되고 있습니다.

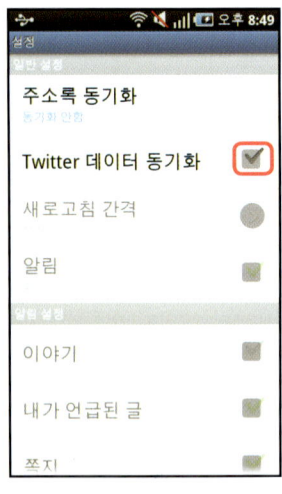

04 Twitter 데이터 동기화를 눌러 비활성화 시키면 수동으로 업데이트할 때 까지 업데이트되지 않습니다.

05 Twitter 데이터 동기화를 눌러 활성화 시킵니다. 새로고침 간격을 누릅니다.

06 기본 업데이트 시간인 15분입니다. 트위터에서는 매우 빠르게 정보가 지나가므로 새로고침을 짧게 만드는 것이 좋습니다. 화면을 끌어 위로 올립니다.

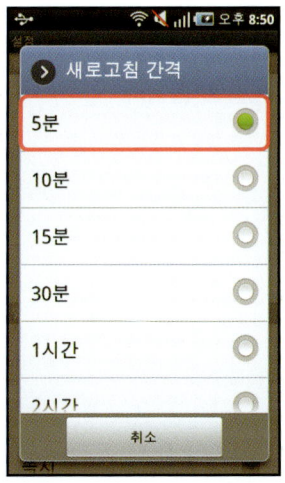

07 5분까지 짧게 줄 수 있습니다. [5분]을 누릅니다.

08 새로고침 간격이 5분으로 변경되었습니다.

08 수동으로 업데이트하기

01 트위터 어플리케이션 메인에서 [이야기]를 누릅니다.

02 상단에 있는 새로고침(↻)을 누릅니다.

03 화살표가 로딩중으로 나타나며 업데이트를 합니다.

04 새로운 트윗이 나타납니다.

Tip

너무 자주 업데이트 하면 곧 리밋에 걸리게 됩니다. 리밋은 시간당 350번 이상의 정보 요청시에 일어나며 1시간 동안 트위터 업데이트를 할 수 없고 내용도 볼 수 없습니다.

09 멘션 작성하기

멘션은 아이디 앞에 @를 붙이는 것을 말합니다. 이렇게 멘션이 붙으면 해당 사용자에게 보내는 글이 되어 팔로우와 관계없이 볼 수 있습니다.

01 트위터 어플리케이션 메인에서 [이야기]를 누릅니다.

02 ☐을 누릅니다.

Tip

멘션을 쓸 때에도 일반 글쓰기와 동일하게 쓸 수 있습니다. 아이디만 알고 있다면 쉽게 사용할 수 있습니다.

03 123 기호 에서 @를 찾아 입력합니다.

04 자신의 아이디를 입력합니다.

05 나머지 트윗을 작성하고 [업데이트]를 누릅니다.

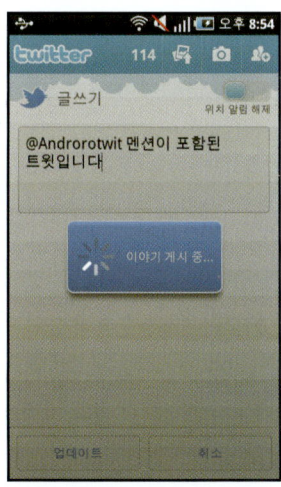

06 이야기 게시중이 나타납니다.

07 멘션이 포함된 트윗이 작성되었습니다.

10 입소문 내기(리트윗하기)

다른 사용자의 글 중에서 마음에 드는 글을 퍼뜨릴 수 있습니다. 이 기능을 리트윗, RT라고 하며 안드로이드 어플에서는 입소문내기로 바뀌었습니다.

01 트위터 어플리케이션 메인에서 [이야기]를 누릅니다.

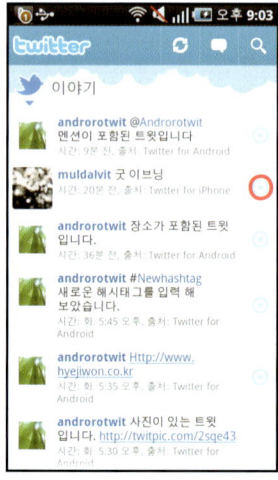

02 다른 사용자가 작성한 트윗의 오른쪽 드롭(◯) 버튼을 누릅니다.

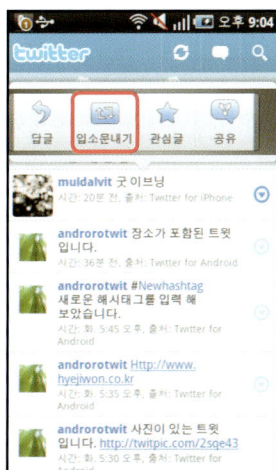

03 입소문 내기를 누릅니다.

04 입소문 내는 중이 나타납니다.

05 가장 윗 부분에 트윗이 나타나고 리트윗 아이콘
이 나타나 있습니다.

11 다른 사용자 정보 보기

트윗에는 다양한 사용자들이 있습니다. 어떤 사용자들과 함께 하는가에
따라 나의 트윗 성향도 나타나게 됩니다. 다른 사용자를 찾아보겠습니다.

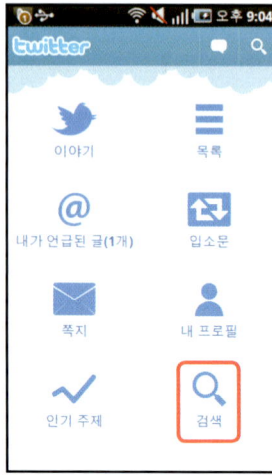

01 트위터 어플리케이션 메인에서 [검색]을 누릅니다.

02 상단에서 트윗 아이콘(🔵)을 누릅니다.

03 [개인 주소록]을 누릅니다.

04 [사용자 검색]을 누릅니다.

05 알고 있는 사용자의 아이디를 입력합니다. 여기
에서는 'thebangul'을 입력 했습니다.

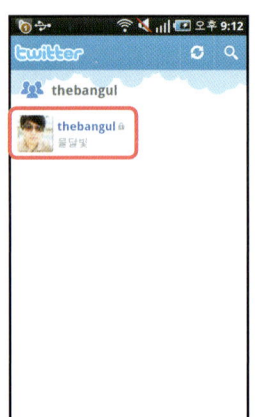

06 나타난 사용자 프로필을 누릅니다.

07 자세한 프로필을 볼 수 있습니다.

> **Tip**
>
> 안드로이드 폰에서 사용하기에는 먼저 다른 사용자를 찾을 줄 알아야 자신의 이야기(타임라인)을 보기가 편리합니다. 또한 팔로어가 많아져도 안드로이드 트위터 어플에서 관리하기 편리합니다.

12 Gmail로 공유하기

다른 사람의 트윗을 Gmail로 공유할 수 있습니다.

01 트위터 어플리케이션에서 [이야기]를 누릅니다.

02 다른 사용자의 트윗에 오른쪽 드롭 아이콘(◉)을 누릅니다.

03 [공유]를 누릅니다.

04 「Gmail」을 누릅니다.

05 받는 사람의 트윗을 공유할 사람의 주소를 넣습니다. 예제에서는 안드로이드폰에 등록된 Gmail로 테스트를 해 봅니다.

06 [전송]을 누릅니다.

07 메시지를 보내는 중입니다.

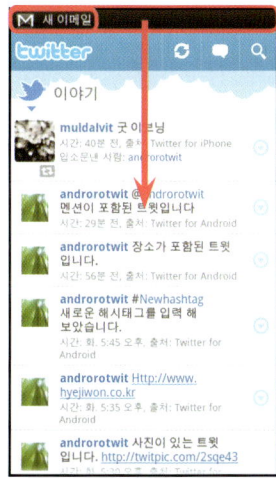

08 예제에서 자신의 안드로이드폰을 등록한 이메일로 보냈다면 [새 이메일] 아이콘이 나타납니다. 작업 표시줄을 끌어내려 드롭을 나타나게 합니다.

09 [새 이메일]을 누릅니다.

10 새로운 이메일이 도착했습니다. 첫 번째 메일을 누릅니다.

11 이메일로 트윗의 내용이 공유된 것을 볼 수 있습니다.

---

13 **Twitter로 공유하기**

트위터에 트윗을 다시 게시하는 방식으로 공유할 수 있습니다. RT와 달리 자신의 타임라인에 나타나고, 내용추가도 가능합니다.

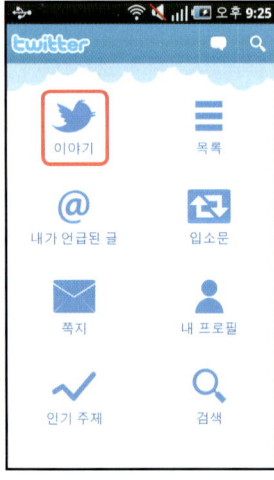

01 트위터 어플리케이션 메인에서 [이야기]를 누릅니다.

02 공유하고 싶은 트윗의 오른쪽에 있는 드롭 아이콘( )을 누릅니다.

03 [공유]를 누릅니다.

04 [twitter]를 누릅니다.

05 트윗이 자동으로 작성되어 있습니다. 그대로 [업데이트]를 누릅니다.

06 이야기 게시중입니다.

07 글에 내용과 트윗으로 바로 갈 수 있는 링크가 함께 나타납니다.

> **Tip**
>
> 트윗에 자신의 트윗을 다시 올리는 리트윗과도 비슷하지만 트윗으로 바로가기를 만들어주므로 주소 올리기와 더 비슷합니다.

문자 메시지로 공유하기

멀티메일(MMS)를 이용해서 트윗을 공유할 수 있습니다. 상대방도 스마트폰이어야 가능하며 받는 상대가 스마트폰이 아니면 웹 페이지가 열리지 않아 실패합니다.

01 트위터 어플리케이션 메인에서 [이야기]를 누릅니다.

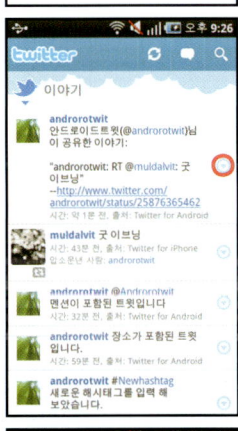

02 공유하고 싶은 트윗의 오른쪽에 있는 드롭 아이콘(◉)을 누릅니다.

03 [공유]를 누릅니다.

04 [메시지]를 누릅니다.

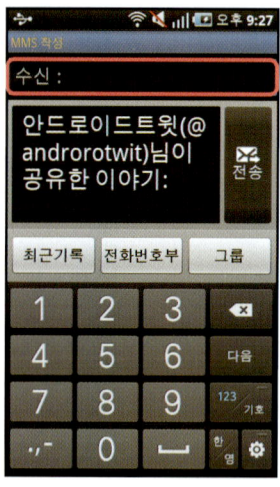

05 수신 입력난에 이 트윗을 공유할 번호를 누릅니다(메시지와 동일).

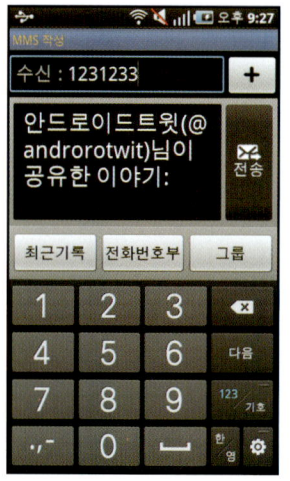

06 수신 번호를 입력했으면 기기의 [취소]키를 한번 누릅니다.

07 내용을 모두 볼 수 있으며 이 상태에서 메시지 내부를 누르면 편집이 가능합니다. [전송]을 누르면 메시지가 전송됩니다.

08 취소키를 다시 누르면 메시지작성을 취소할 수 있습니다. [예]를 누릅니다.

Tip

취소키는 기기에 있습니다.

09 자동으로 이야기로 돌아옵니다.

관심글을 등록하면 트윗중에 중요한 트윗을 나중에 다시 볼 수 있습니다.

01 트위터 어플리케이션 메인에서 [이야기]를 누릅니다.

02 관심글로 지정하고 싶은 트윗에서 오른쪽 드롭 아이콘(◯)을 누릅니다.

03 [관심글] 아이콘을 누릅니다.

Tip

관심글을 관리하는 방법은 사용자 정보 수정, 관리에서 다시 다룹니다.

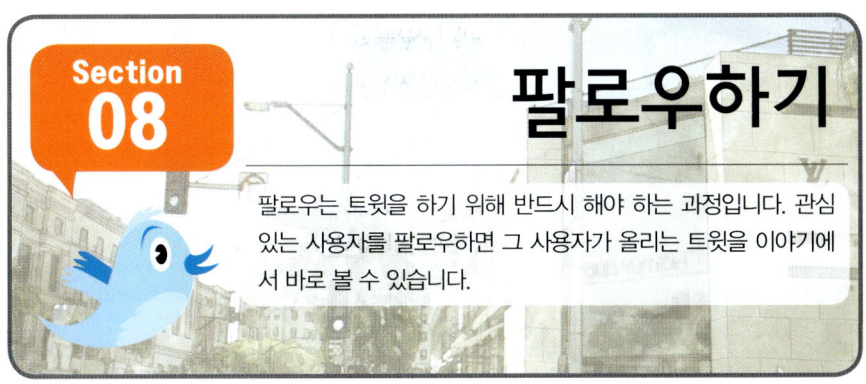

팔로우하기

팔로우는 트윗을 하기 위해 반드시 해야 하는 과정입니다. 관심 있는 사용자를 팔로우하면 그 사용자가 올리는 트윗을 이야기에 서 바로 볼 수 있습니다.

01 사용자를 검색해서 팔로우하기

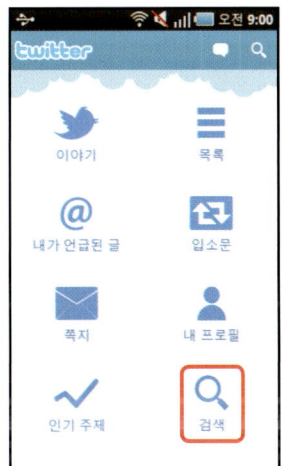

01 트위터 어플리케이션 메인에서 [검색]을 누릅니다.

02 트위터 아이콘(🔵)을 누릅니다.

 **03** [개인 주소록]을 누릅니다.

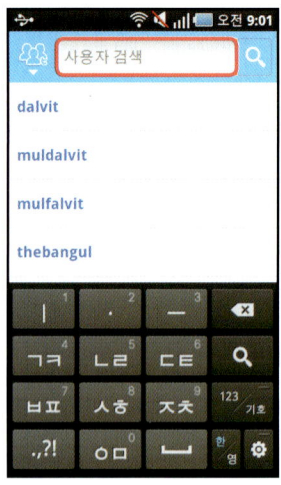 **04** [사용자 검색]을 누릅니다.

 **05** 'bluehousekorea(청와대)'의 트윗을 입력하고 을 누릅니다.

06 첫 번째에 나타나는 '대한민국 청와대'를 누릅니다.

07 잠시 기다립니다.

08 오른쪽에 팔로잉할 수 있는 버튼이 나타납니다.
을 누릅니다.

09 사용자를 관심 대상으로 등록하는 중입니다.

10 등록이 되면 아이디 아래에 관심 등록된 친구로 나타납니다.

Tip

트위터 사이트에서는 팔로우라고 표현하지만 안드로이드폰의 공식어플에서는 [관심등록한 친구]라는 용어를 사용합니다.

02 **주변 사용자 팔로우하기**

내가 살고있는 주변에 있는 사용자를 찾을 수 있습니다.

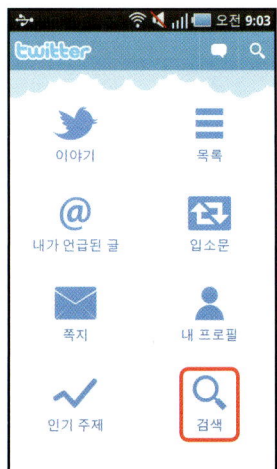

01 트위터 어플리케이션 메인에서 [검색]을 누릅니다.

02 위치 핀(🎈)을 누르면 주변 검색이 자동으로 진행되고 주변 이야기 친구들이 나타납니다.

03 내 위치 주변 이야기 친구들에서 트윗을 골라 사용자 아이디를 누릅니다.

04 사용자 정보가 나타나면 팔로우 아이콘()을 누릅니다.

05 사용자를 관심 대상으로 등록하는 중입니다.

06 관심 등록한 친구가 나타나며 팔로우가 완료되었습니다.

03 다른 사람의 타임라인에서 팔로우하기

내가 팔로우를 하지 않았지만 다른 사용자의 이야기(타임라인)에서 팔로
우를 할 수 있습니다.

01 트위터 어플리케이션 메인에서 [이야기]를 누릅
니다.

02 나의 이야기(타임라인)에서 다른 사용자의 아이
디를 누릅니다.

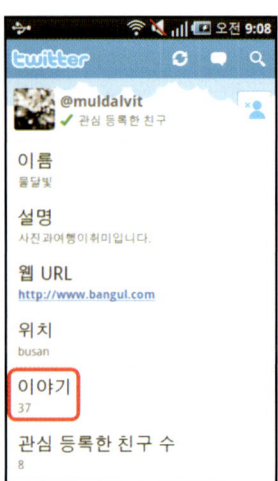

03 프로필 화면에서 [이야기]를 누릅니다.

04 해당 사용자의 이야기(타임라인)이 나타납니다.

05 화면을 내려서 다른 사용자가 나타나면 아이디를 누릅니다.

06 프로필이 나타나면 팔로우 아이콘(👤)을 누릅니다.

07 사용자를 관심 대상으로 등록하는 중입니다.

08 관심 등록한 친구가 되었습니다.

04 관심 사용자(나를 팔로우한 사람) 보기

01 트위터 어플리케이션 메인에서 [내 프로필]을 누릅니다.

02 [관심 사용자]를 누릅니다.

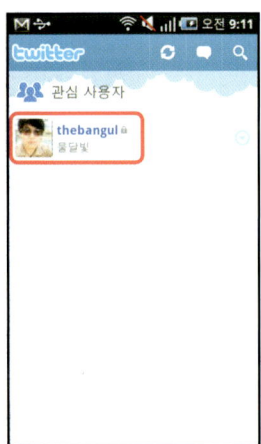

03 관심 사용자의 아이디를 누릅니다.

04 사용자의 정보가 나타납니다.

Tip

아래쪽으로 화면을 넘겨보면 다른 정보를 더 알 수 있습니다. 팔로어, 팔로잉 숫자나 리스트 등을 볼 수 있습니다.

05 **맞팔하기**

나를 팔로우한 사용자를 팔로우(관심 사용자 등록)하는 것을 맞팔이라고 합니다. 대부분 사용자들이 예의처럼 맞팔을 해 주고 있습니다.

01 트위터 어플리케이션 메인에서 [내 프로필]을 누릅니다.

02 화면을 아래로 내립니다.

03 관심 사용자를 누릅니다.

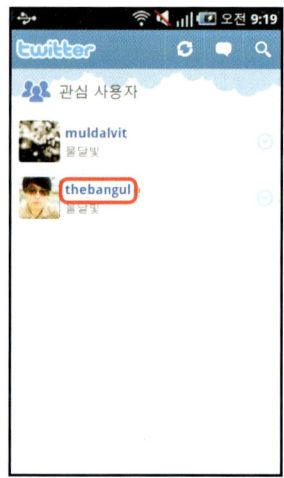

04 나를 팔로우(관심)하고 있는 사용자를 볼 수 있습
니다. 아이디를 누릅니다.

05 오른쪽에 있는 팔로우 아이콘(👤)을 누릅니다.

06 관심 등록된 친구로 나타나며 팔로우가 됩니다.

Tip

팔로우가 된 친구의 글은 그 이후부터 내 타임라인에
나타나게 됩니다.

06 차단(블록)하기

마음에 안 드는 사용자나 갑자기 많은 트윗을 올리는 사용자를 잠시 차단하는 방법입니다. 잠시 차단하였다가 다시 복귀할 수 있습니다(차단 해제 = 언블록하기).

01 트위터 어플리케이션 메인에서 [내 프로필]을 누릅니다.

02 화면을 아래쪽으로 내립니다.

03 관심 사용자를 누릅니다.

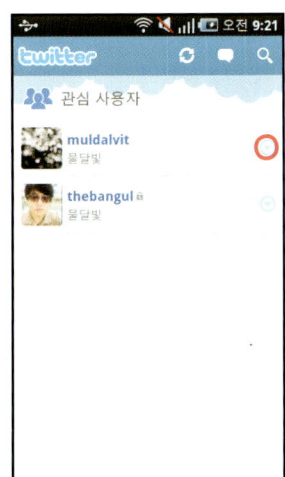

04 블록하고 싶은 사용자의 오른쪽에 있는 드롭 아이콘( )을 누릅니다.

05 [차단]을 누릅니다.

06 [예]를 누릅니다.

Tip
차단이 되면 해당 사용자의 트위터 내부의 신용점수가 떨어집니다. 정말 차단할 사용자만 차단하시기 바랍니다.

07 관심 사용자에서 사라집니다. 이제 타임라인에서 블록한 사용자의 글은 보이지 않습니다.

07 차단 해제(언블록)하기

혹시 잘못 차단했거나 다시 차단을 풀기로 했다면 간단하게 다시 차단을 해제할 수 있습니다.

01 트위터 어플리케이션 메인에서 [내 프로필]을 누릅니다.

02 화면을 아래로 내립니다.

03 차단된 사용자를 누릅니다.

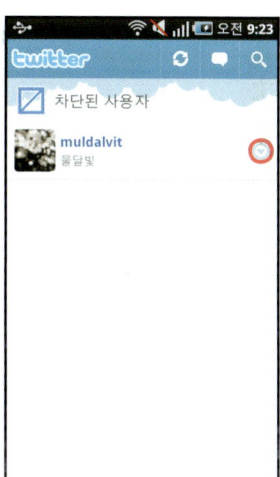

04 차단된 사용자 중에 차단을 풀 사용자의 오른쪽
에 드롭 아이콘(◉)을 누릅니다.

05 [차단 해제]를 누릅니다.

06 차단이 해제되고 다시 그 사용자의 글을 볼 수 있습니다.

Tip

차단이 해제 되었다 하더라도 다시 팔로우를 해야 내 타임라인에서 글을 볼 수 있습니다. 한 번 차단된 사용자는 팔로우가 끊어집니다.

08 스팸 신고하기

트위터에도 광고가 있습니다. 사람이 많이 모이다보니 광고가 안 생길 수가 없습니다. 그런 경우에 사용자를 스팸 신고하는 방법입니다.

01 트위터 어플리케이션 메인에서 [이야기]를 누릅니다.

02 스팸 신고할 사용자의 아이디를 누릅니다.

03 기기에서 [메뉴키]를 누릅니다. 나타나는 메뉴에서 [스팸]을 누릅니다.

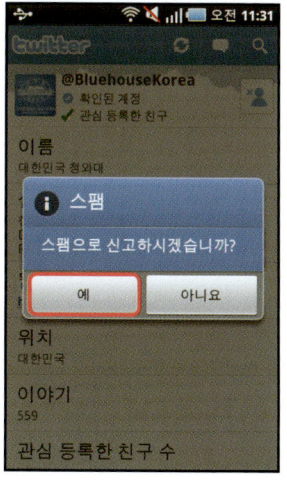

04 스팸으로 신고하려면 [예]를 누릅니다.

Tip

광고글 중에도 정보를 담고 있는 경우에는 무차별적으로 신고하는 것은 좋지 않습니다. 그러한 정보를 원하는 사용자도 많이 있기 때문입니다. 즉 계륵(鷄肋)과 같은 상황인데 잘 이용하면 트위터에서도 경품과 각종 서비스를 이용해 볼 수 있습니다.

쪽지(DM) 주고받기

쪽지는 DM이라고 불리며 이메일처럼 다른 사용자에게 노출되지 않고 전달됩니다. 단지 쪽지를 보낼 때에는 서로 팔로우가 되어 있어야 문제없이 전달됩니다. 즉 무차별적인 DM을 보낼 수는 없습니다. 예제에서도 서로 팔로우가 된 상태입니다.

01 사용자를 검색해서 DM 쓰기

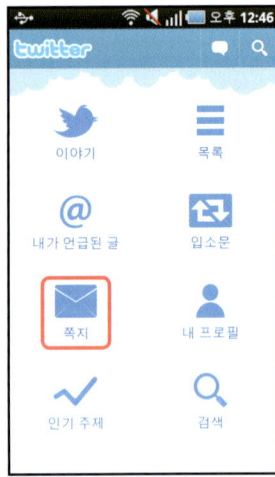

01 트위터 어플리케이션 메인에서 [쪽지]를 누릅니다.

02 처음 사용시에 잠시 로드중 화면이 나타납니다. 화면 상단에 쓰기 아이콘( )을 누릅니다.

03 사용자 아이콘(👤)을 누릅니다.

04 내가 팔로우하고 있는 사용자가 나타납니다. 사용자의 아이디를 누릅니다.

05 사용자의 아이디가 입력됩니다.

06 내용을 작성하고 [보내기]를 누릅니다.

07 쪽지 보내는 중입니다.

08 [보낸 쪽지함]을 누르면 쪽지가 보내졌는지 확인할 수 있습니다.

02 쪽지(DM)에 답장 쓰기

나에게 온 쪽지에 답장을 쓸 수 있습니다.

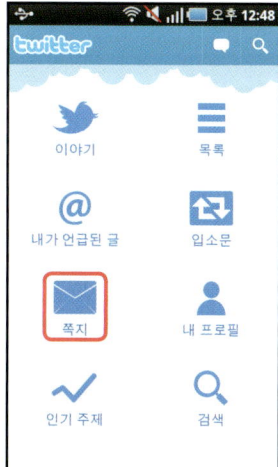

01 [쪽지]를 누릅니다.

02 받은 쪽지의 오른쪽에 드롭 아이콘(🔽)을 누릅니다.

03 [답글]을 누릅니다.

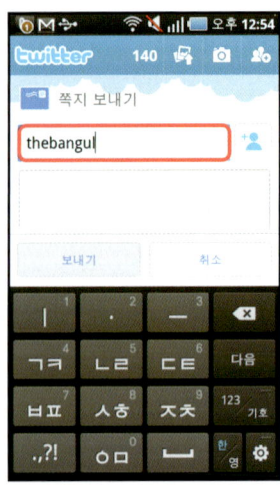

04 사용자 이름이 미리 입력되어 있습니다.

05 내용을 입력하고 [보내기]를 누릅니다.

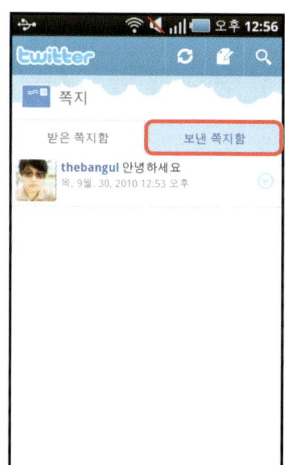

06 [보낸 쪽지함]을 누릅니다.

07 [보낸 쪽지함]에 지금 보낸 쪽지가 나타납니다.

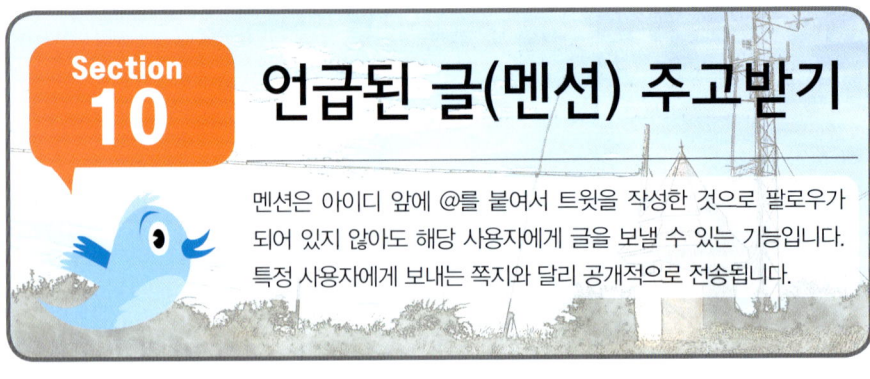

Section 10 — 언급된 글(멘션) 주고받기

멘션은 아이디 앞에 @를 붙여서 트윗을 작성한 것으로 팔로우가
되어 있지 않아도 해당 사용자에게 글을 보낼 수 있는 기능입니다.
특정 사용자에게 보내는 쪽지와 달리 공개적으로 전송됩니다.

01 나에게 온 멘션보기

01 트위터 어플리케이션 메인에서 [내가 언급된 글]
을 누릅니다.

> **Tip**
>
> 내가 언급된 글은 나에게 보낸 멘션을 뜻합니다. '@아
> 이디'의 형태로 내용을 입력한 글 중에 내 아이디로 보
> 낸 글을 따로 볼 수 있습니다.

02 나를 언급한 글이 나타납니다.

02 언급된 글(멘션)에 답글하기

나를 언급한 글은 보통 질문이나 답일 경우가 많습니다. 답글을 다는 방법
을 알아보겠습니다.

01 트위터 어플리케이션 메인에서 [내가 언급된 글]
을 누릅니다.

02 답을 쓸 트윗에서 오른쪽에 드롭 아이콘( )을 누
릅니다.

03 [답글]을 누릅니다.

04 트윗에 자동으로 상대방의 @아이디가 나타납니다. 답글은 언급된 글로 다시 보내지게 됩니다.

05 내용을 작성하고 [답글]을 누릅니다.

06 답글을 올리는 중입니다.

07 답글을 보낸 것을 확인하기 위해서 @을 누릅니다.

08 [이야기]를 누릅니다.

09 타임라인에 트윗이 작성된 것을 볼 수 있습니다.
이 글은 다른 나의 팔로어에게도 보입니다.

타임라인 검색하기

타임라인에 올라온 글 중 찾고 싶은 글을 찾아보겠습니다.

01 트위터 어플리케이션 메인에서 [이야기]를 누릅니다.

02 검색어 입력란을 누릅니다.

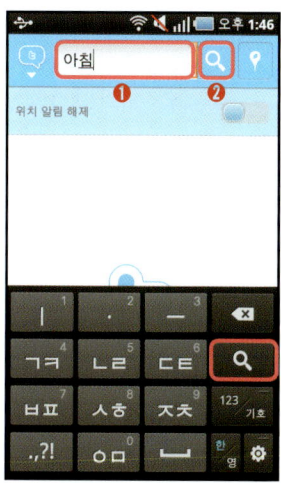

03 찾고 싶은 단어를 입력하고 검색 아이콘(🔍)을 누릅니다. 또는 돋보기 버튼을 누릅니다.

04 타임라인이 검색됩니다. 다른 사용자들이 올린 트윗에 포함된 단어들도 나타납니다.

Tip

아침시간이나 점심시간에 트윗을 하면 인사말을 많이 사용합니다. 보통 이때 활동하는 트위터 사용자들이 많으므로 이때 많은 팔로어를 늘려보는 것도 좋습니다.

안드로이드 폰 사용자를 위한 팁

안드로이드폰에서는 기본적으로 다양한 프로그램이 멀티태스킹됩니다. 쓰지 않는 프로그램을 정리해야 배터리를 오래 쓸 수 있습니다.

❶ 메인화면에서 프로그램 실행 중 위젯을 누릅니다.

❷ 현재 실행중인 프로그램이 나타납니다. [모두 종료]를 누릅니다.

❸ 프로그램이 종료되었다고 메모리까지 모두 해제되지 않습니다(속도가 느릴 수 있습니다). 램 관리를 누릅니다.

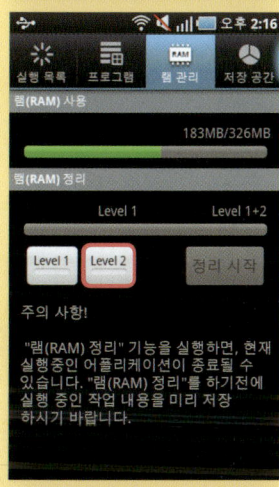

❹ [Level2]를 누릅니다.

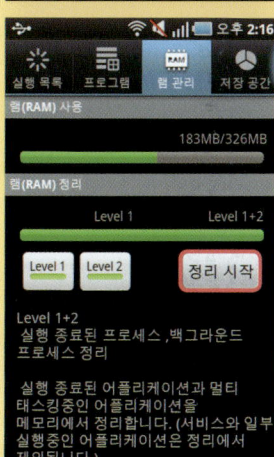

❺ [정리시작]을 누릅니다.

❻ 메모리에 여유공간이 더 생긴 것을 볼 수 있습니다.

Tip

상단에 있는 메뉴 표시줄에서 나타나는 드롭 메뉴를 사용하면 더 편리하게 기능을 켜고 끌 수 있습니다.

❼ 화면 상단의 상태 표시줄을 누르고 있으면 드롭 메뉴가 나타납니다. 끌어서 화면에 나타나게 합니다.

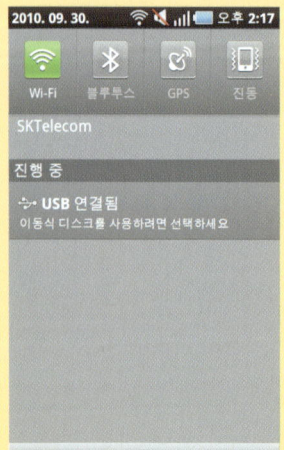

❽ wifi, 블루투스, GPS, 진동 등의 기능을 바로 켜고 끌 수 있습니다.

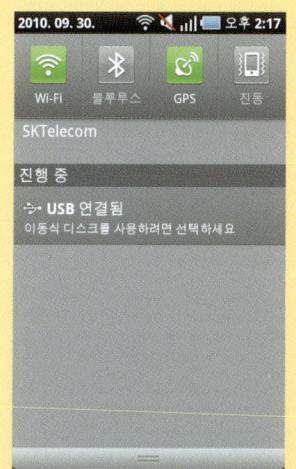

❾ 기능이 켜지면 녹색으로 활성화 됩니다.

Tip

기본 배경을 바꿀 때 어디서 바꾸는지 메뉴가
보이지 않습니다.

❿ 홈 화면에서 빈곳을 잠시 누르고 있습니다.

빈곳 아무 곳이나 됩니다.

⓫ 홈 화면에 추가 창이 나타나고 아래쪽에 배경화
면이 나타납니다.

⓬ 라이브 배경화면을 누릅니다.

⓭ 다양한 배경화면이 나타납니다. 화면을 아래로 내려 보겠습니다.

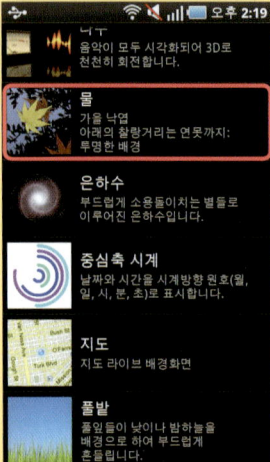

⓮ 물 테마를 누릅니다.

⓬ 배경화면 설정 버튼을 누릅니다.

⓬ 배경화면에 테마가 설정되었습니다.

> **Tip**
>
> 자신의 사진이나 찍은사진(갤러리)등에서도 배경
> 화면을 설정할 수 있습니다.

Tweet, Tweet~ ♪

Part 3
피쳐폰을 사용한 SNS

twitter™

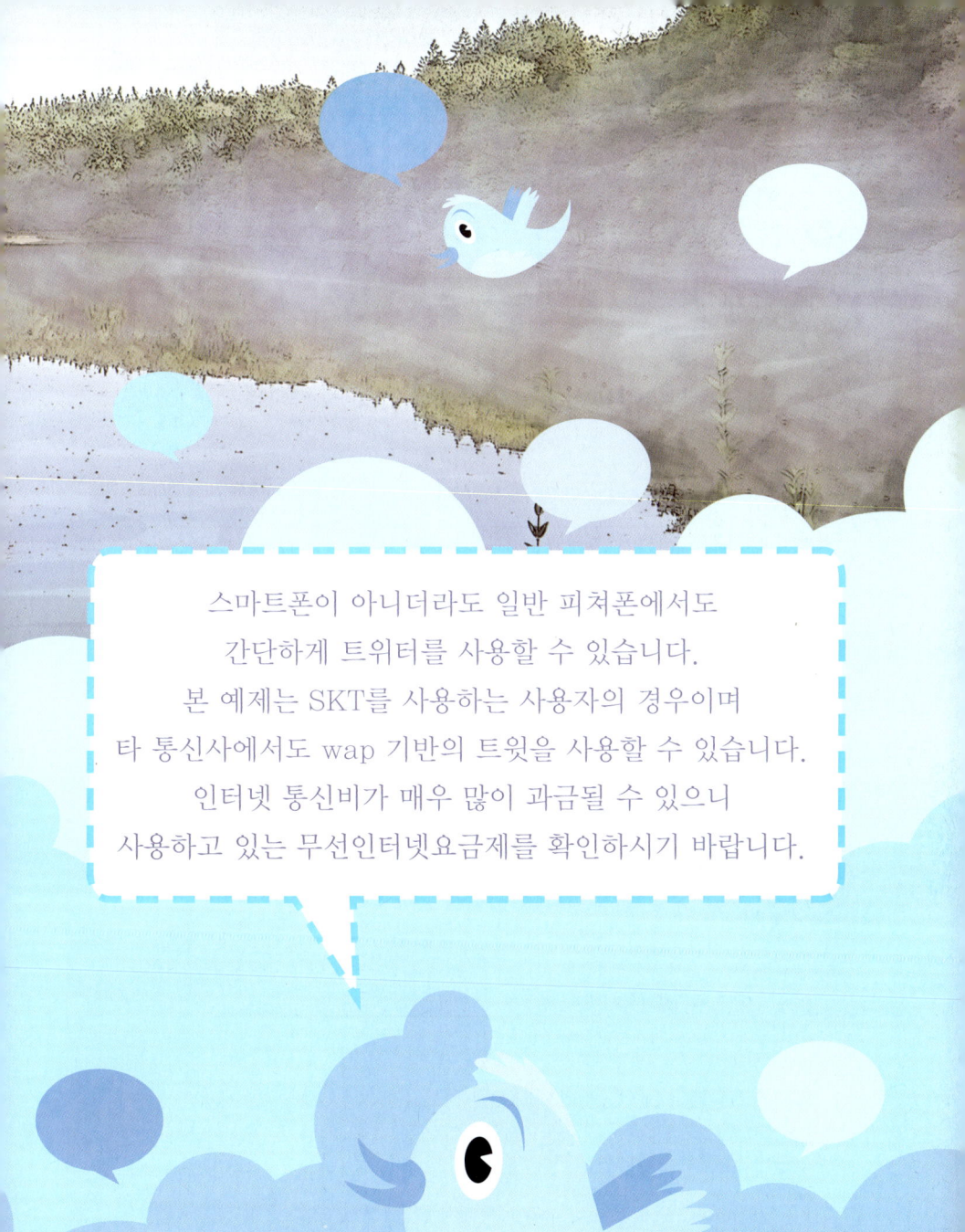

스마트폰이 아니더라도 일반 피쳐폰에서도
간단하게 트위터를 사용할 수 있습니다.
본 예제는 SKT를 사용하는 사용자의 경우이며
타 통신사에서도 wap 기반의 트윗을 사용할 수 있습니다.
인터넷 통신비가 매우 많이 과금될 수 있으니
사용하고 있는 무선인터넷요금제를 확인하시기 바랍니다.

– 이동통신사별 피쳐폰 무선 인터넷 접속 방법 및 트위터 서비스 이름

SKT : tweeting(nate 접속 후 Tweeting 선택)

KT : KT 소셜허브(**1110 + show 버튼 또는 SHOW 페이지에서 소셜허브)

LG U+ : 오즈모바일 트위터(오즈 접속 후 OZ 라이브 24에서 트위터 아이콘)

– 현재 서비스 되는 피쳐폰 종류

SKT : Nate 서비스가 되는 모든 기종(Nate 서비스 불가능한 일부 기종 불가)

KT : SHOW 서비스가 되는 모든 기종(일부 기종 불가)

LG U+ : OZ 서비스가 되는 모든 기종(일부 기종 불가)

– 한 가지 더

피쳐폰 요금제에 5,000원에서 6,000원 정도만 더 내면 트위터를 포함한 무선인
터넷을 무제한 사용할 수 있는 서비스도 있습니다. 사용하고 있는 이동통신사
에 문의하여 과금여부를 반드시 확인하시기 바랍니다. 또한 자신의 폰이 너무
오래되어 서비스가 불가능한 경우도 있으니 사용이 되는지 확인해야 합니다.
피쳐폰 서비스들이 언제나 연결되기 어려워 문자로 트위터 멘션이나 글을 알려
주기도 합니다. 좋은 혜택이 있는 서비스를 사용해 보세요.

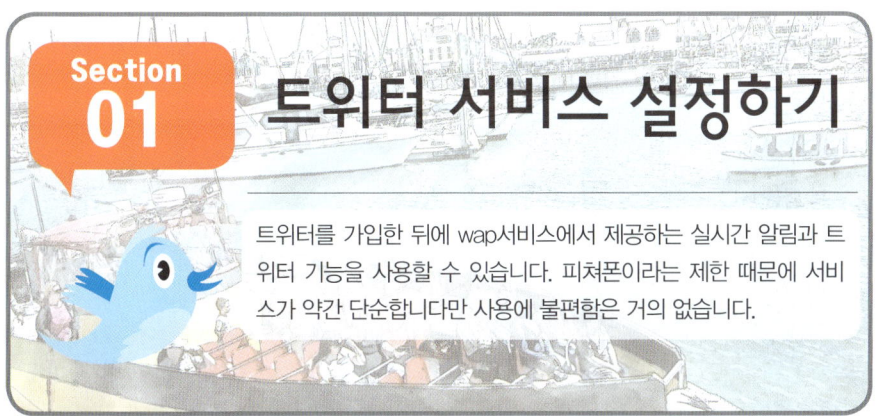

트위터 서비스 설정하기

Section 01

트위터를 가입한 뒤에 wap서비스에서 제공하는 실시간 알림과 트위터 기능을 사용할 수 있습니다. 피쳐폰이라는 제한 때문에 서비스가 약간 단순합니다만 사용에 불편함은 거의 없습니다.

01 핫키를 눌러 Nate에 접속하고 Nate메인에서 tweeting 서비스를 누릅니다.

02 tweeting 서비스 중간에 있는 [로그인]을 누릅니다.

03 가지고 있는 트위터 아이디와 비밀번호를 입력합니다.

Tip

트위터를 가입한 상태에서 폰에서 사용할 수 있도록 설정하는 단계입니다. 휴대전화를 끌 때까지 아이디와 비밀번호가 저장됩니다. 설정하기 전에 트위터 아이디와 비밀번호를 확인하고 시작합니다.

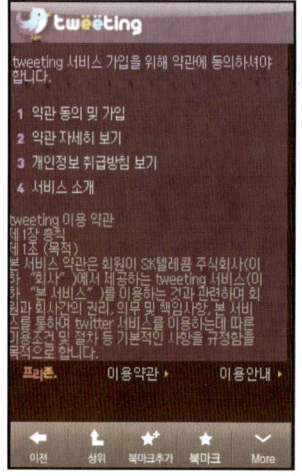

04 약관에 [동의 및 가입]을 누릅니다.

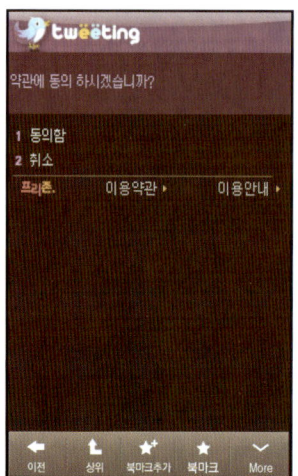

05 [동의함]을 누릅니다.

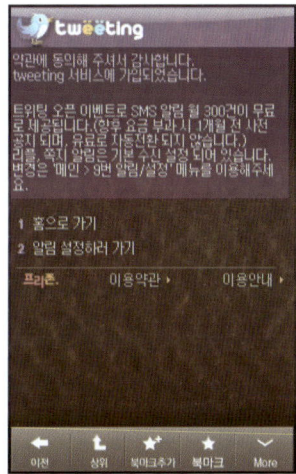

06 [홈으로 가기]를 누릅니다.

07 설정이 완료되었습니다.

Tip

트위터의 아이디와 비밀번호이므로 이동통신사의 아이디와 비밀번호는 전혀 상관이 없습니다. 혼동하지 않도록 주의하세요.

새 트윗 올리기

트위터의 기본인 트윗 올리기입니다. 터치폰이 아닌 일반 폰에서는 화살표키를 이용하여 메뉴를 이동하면 됩니다.

01 [글쓰기]를 누릅니다.

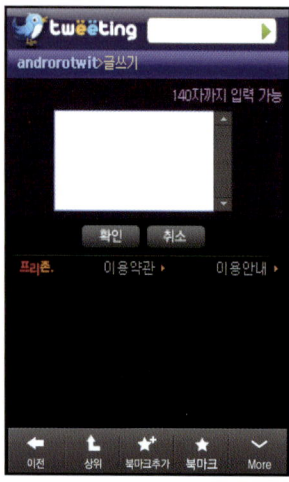

02 글쓰기란에 트윗을 작성합니다.

> **Tip**
>
> 화면이 작아도 트윗을 올리는 데에는 지장이 없습니다. 140자의 범위 내에서 내가 하고 싶은 말을 트윗으로 작성해 보겠습니다.

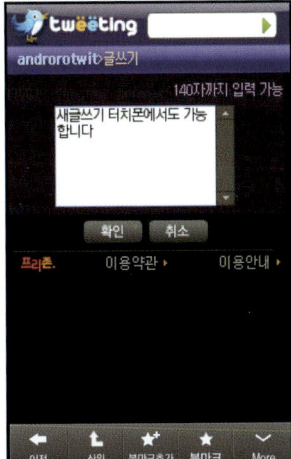

03 작성이 되면 [확인]을 누릅니다.

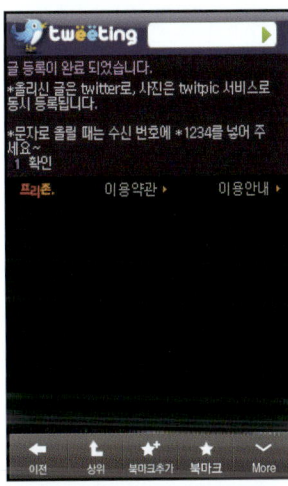

04 [확인]을 누릅니다.

05 새로운 트윗이 나타납니다.

RT하기

다른 사용자의 글을 리트윗할 때 사용하는 기능입니다. 피쳐폰에
서는 RT가 붙는 것이 일반적인 상태입니다.

01 RT를 하고 싶은 트윗위에 있는 RT 아이콘을 누
릅니다.

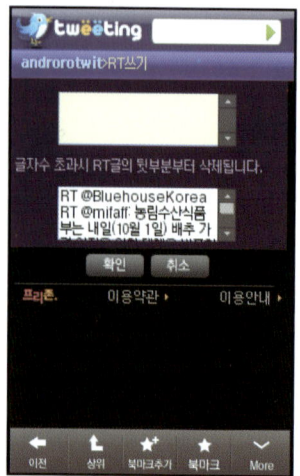

02 자동으로 RT 글이 조정되므로 앞쪽에 내가 쓰
는 덧붙임말만 입력하면 됩니다.

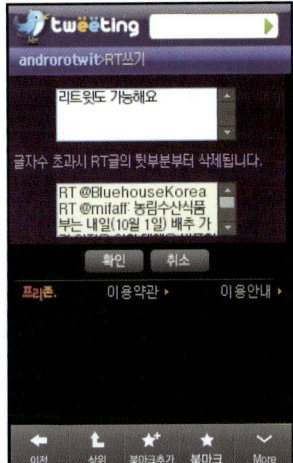

03 입력을 완료했으면 [확인]을 누릅니다.

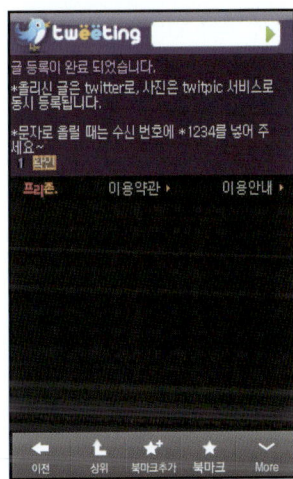

04 [확인]을 누릅니다.

05 타임라인에 RT가 완료되었습니다.

다른 사용자의 정보를 확인할 수 있습니다. 트위터의 사용자 정보 자체가 간단하므로 보기에 불편하지는 않습니다.

01 타임라인에서 프로필이 보고 싶은 아이디를 누릅니다.

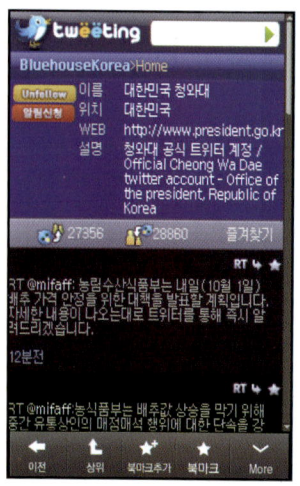

02 사용자의 프로필이 나타납니다.

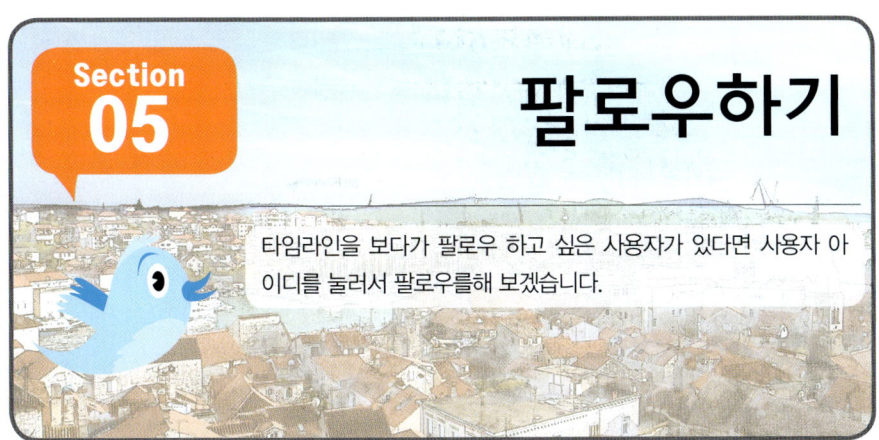

팔로우하기

타임라인을 보다가 팔로우 하고 싶은 사용자가 있다면 사용자 아이디를 눌러서 팔로우를해 보겠습니다.

01 @가 붙어있는 사용자 이름도 누를 수 있습니다.

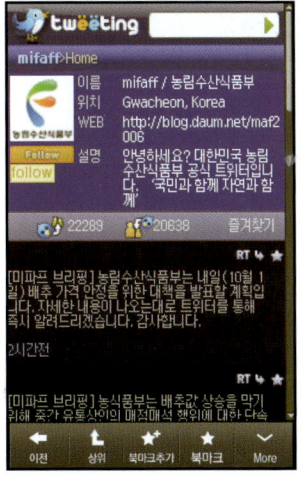

02 아직 팔로우하고 있지 않다면 Follow 아이콘이 나타납니다. Follow를 누릅니다.

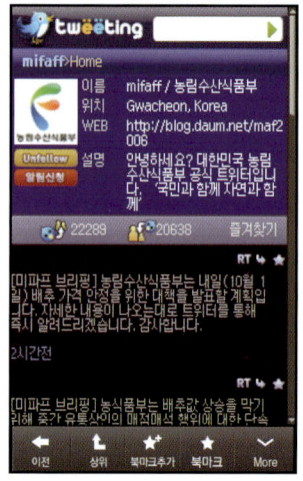

03 팔로우가 되었습니다. Unfollow를 누르면 팔로우가 해제됩니다.

피쳐폰 사용자를 위한 팁

피쳐폰에서 사용할 때에는 화면 자체가 작은 경우가 많습니다. 빠르게 지나가는 트윗을 모두 읽기에 시간이 많이 걸리므로 되도록 알림기능을 설정해서(지금 현재 무료 문자알리미 서비스가 있습니다) 그때 그때 보는 것이 좋습니다. 버튼으로 조작하는 경우에는 작은 아이콘들이 많아서 대부분의 기능을 사용할 수 있지만 터치폰은 오히려 터치하기가 어려울 수도 있습니다. 일부 피쳐폰에는 트위터를 직접 접속할 수 있으니 트위터를 많이 한다면 스마트폰이나 지원되는 기기를 구매하는 것도 좋습니다.

왜 feature phone, smart phone인 것일까?

지금 우리가 쓰고 있는 아이폰이나 안드로이드폰과 같은 스마트폰과 구분되는 다른 휴대전화들을 피쳐폰(feature phone)이라 통칭하고 있습니다. 도대체 스마트폰과 무엇이 다르기에 이러한 명칭의 차이가 있는지 그 기원을 잠시 알아보겠습니다.

Feature라는 단어 자체가 가지고 있는 특별한, 특징이라는 뜻 자체를 보면 휴대전화에서 무언가 특별한 기능이 들어있다는 것을 알 수 있습니다. 피쳐폰 중에는 다이어리기능이 있다든가 외장 LED에서 그림이 나타난다든가 하는 특별한 기능을 하나씩은 가지고 있음을 알 수 있습니다. 그리고 기능면으로 보았을 때 스마트폰처럼 사용할 수 있는 기능들도 많이 있습니다. 그럼에도 불구하고 Feature Phone이라는 이름을 가지게 된 데에는 어플의 사용에 대한 제약이 큰 차이점이라 할 수 있습니다. 마치 일반 컴퓨터를 그대로 휴대전화로 옮겨놓은 듯한 스마트폰은 용량과 확장성에서 피쳐폰과는 많은 차이를 보입니다.

우선 피쳐폰에서는 제조사가 정해 놓은 가이드라인 안에서만 개발하고 기기 간에 호환성은 거의 이루어지지 않습니다. 또한 제조사나 통신사에서 제공하는 일종의 닫힌 시장을 형성하고 있습니다. 실제로도 스마트폰의 뿌리는 PDA까지 거슬러 갑니다. 스마트폰은 PDA의 기능에 하나하나의 기능(feature)을 추가하여 지금의 형태를 가지고 있게 된 것입니다. 스마트폰은 대부분 자체의 일관된 OS를 가지고 있으며 같은 OS를 가지고 있다면 어디서나 같은 프로그램을 구동할 수 있습니다. 특히 스마트폰에서 제공하는 기능들은 기존의 PC에서 하던 작업들을 그대로 이용하여 비슷한 앱이 존재하므로 이러한 앱을 잘 사용하는 것이 스마트폰을 잘 사용하는 기본이라 할 수 있습니다.

지금까지 아리송한 피쳐폰과 스마트폰에 대해 간단히 알아보았습니다.

Part 4
컴퓨터로 즐기는 트위터

twitter™

트위터를 스마트폰에서만 즐길 수는 없습니다.
충전도 해야 하고 한참 재미있는 게임을 할 수도 있습니다.
이럴땐 직접 인터넷으로 접속해 트위터를 즐길 수 있습니다.
화면이 큰 만큼 편리하게 트위터를 즐길 수 있습니다.

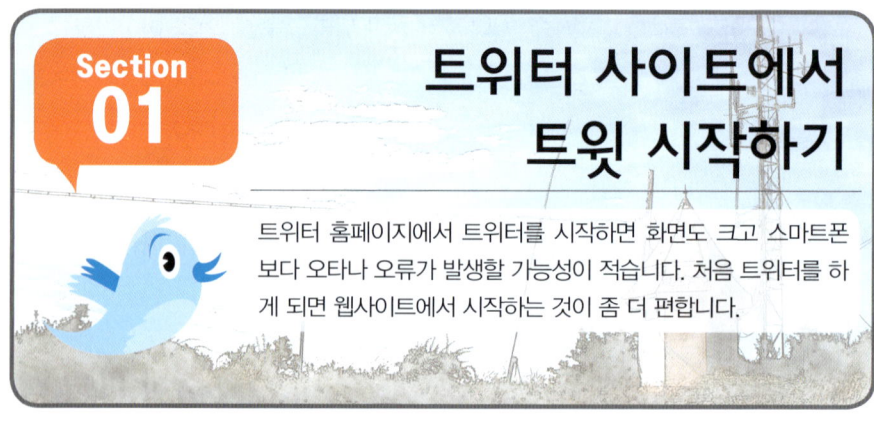

트위터 사이트에서 트윗 시작하기

트위터 홈페이지에서 트위터를 시작하면 화면도 크고 스마트폰보다 오타나 오류가 발생할 가능성이 적습니다. 처음 트위터를 하게 되면 웹사이트에서 시작하는 것이 좀 더 편합니다.

01 트위터 가입하기

트위터에 가입하기 위해서 우선 트위터 홈페이지의 주소를 잘 기억해 두시기 바랍니다. 주소는 www.twitter.com이며 웹 브라우저에 거의 상관없이 사용할 수 있습니다. 인터넷 창을 열고 트위터 홈페이지에서 하나하나 시작해 보겠습니다.

01 트위터 메인화면입니다. 아직 우리는 아이디가 없지만 트위터 홈페이지에 있는 내용들을 읽어볼 수 있습니다. 우측 상단에 있는 [Sign in]을 클릭합니다.

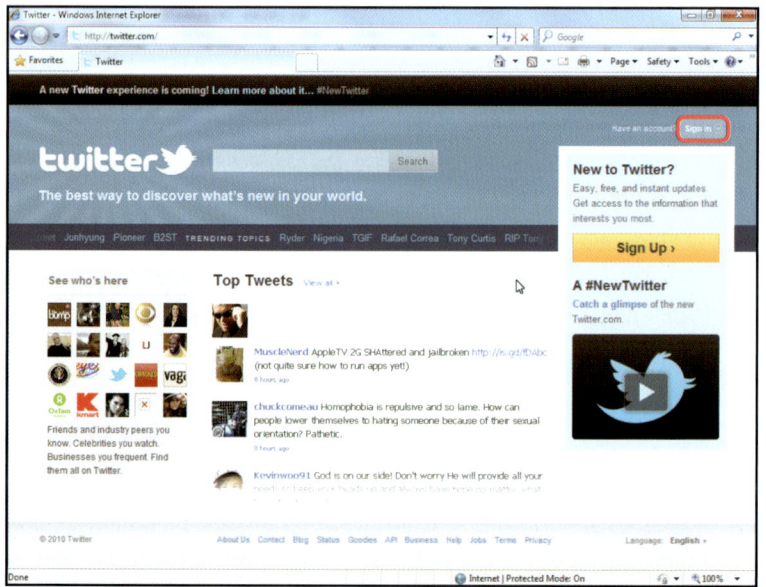

02 아이디와 비밀번호를 입력하는 창이 나타났을 때 만약 아이디를 가지고 있다면 여기에 아이디와 비밀번호를 입력합니다. 아이디가 없다면 [Sign In]을 다시 클릭합니다.

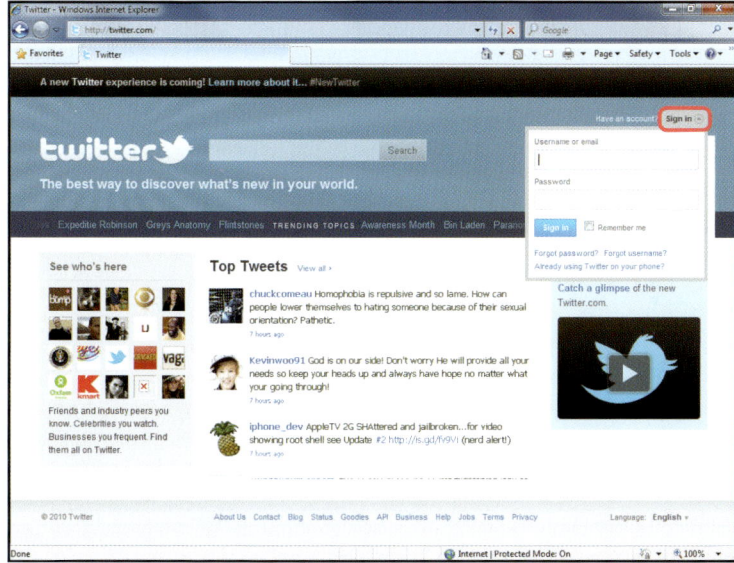

03 [Sign Up]을 클릭합니다.

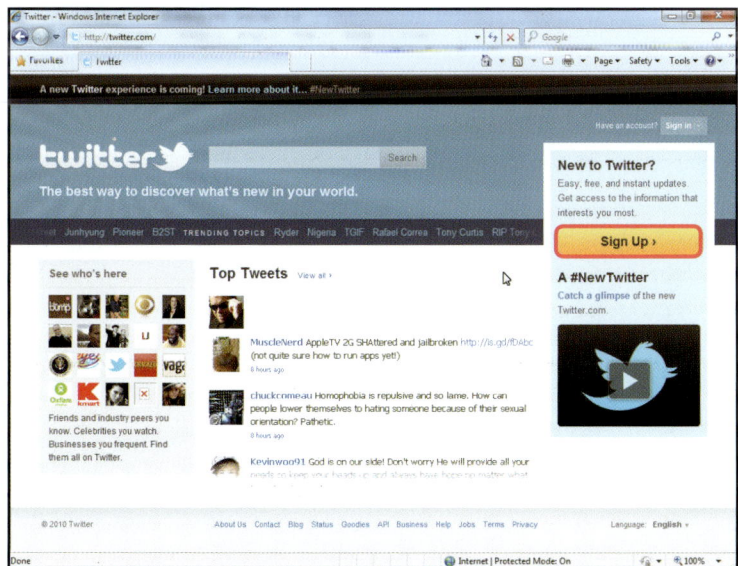

04 보안경고가 나타난다면 [YES]를 누릅니다. 만일 다른 창에서 또 나타나면 그때도 YES를 누릅니다.

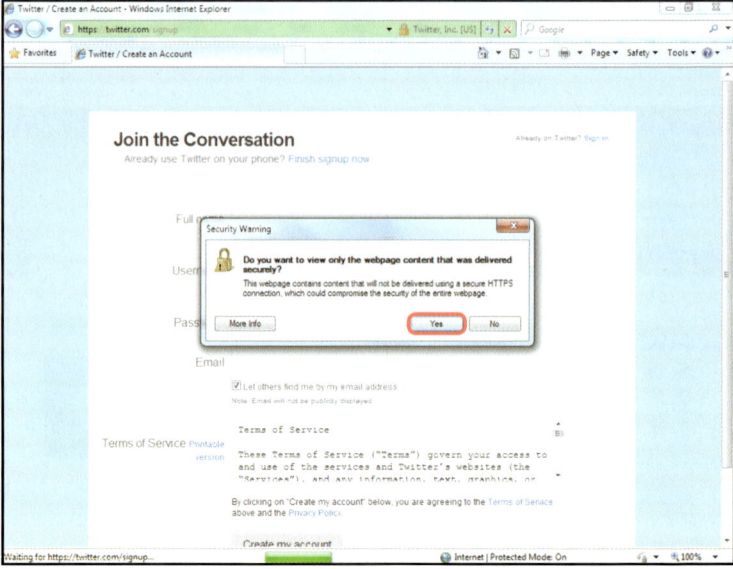

05 Full name은 트위터에서 보이는 나의 사용자 이름입니다.

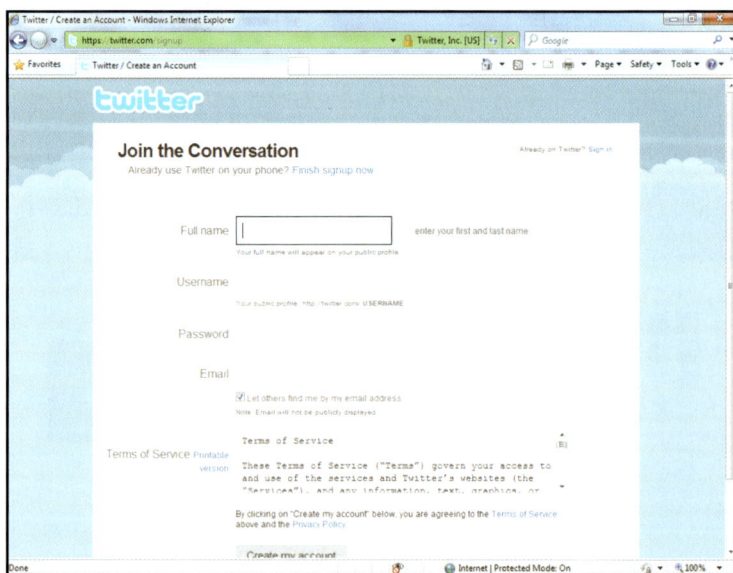

06 한/영 상관없이 사용할 수 있습니다. 적당한 이름을 넣습니다.

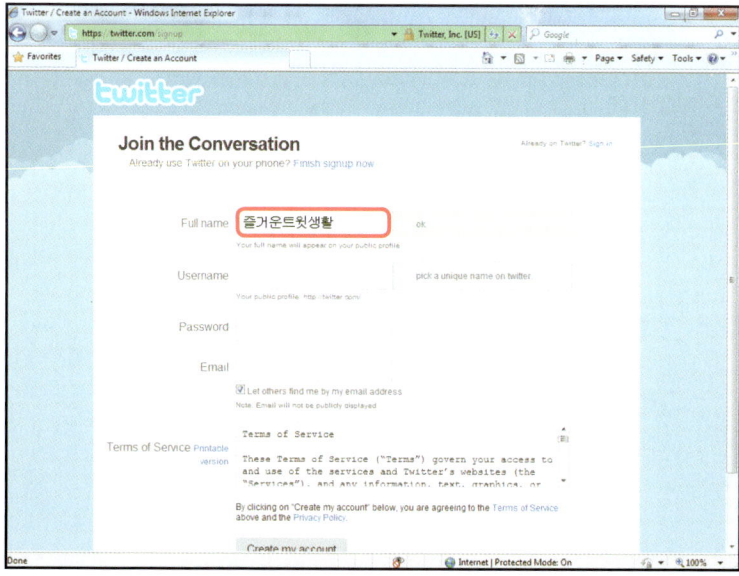

07 Username은 트위터에서 아이디처럼 사용하게 됩니다. 신중하게 선택하세요. Username을 입력하면 잠시 후 오른쪽에서 가능한지 여부가 바로바로 알 수 있게 나타납니다. OK가 되지 않으면 가입할 수 없습니다.

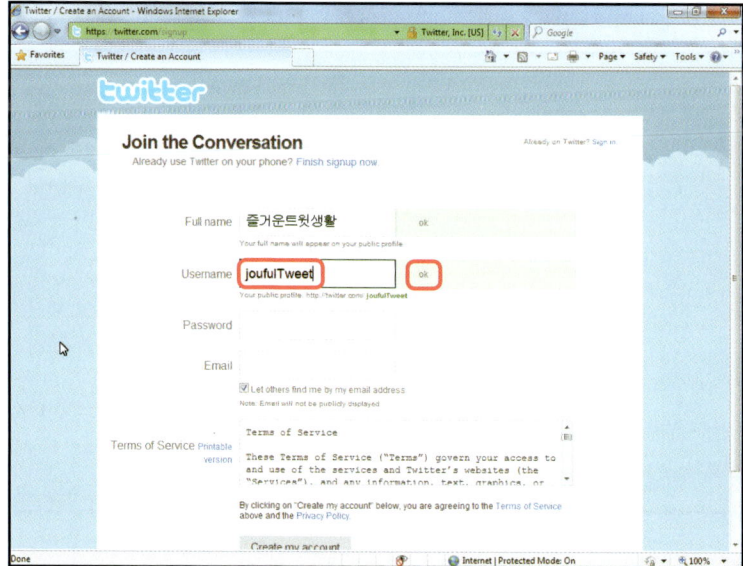

08 Password는 비밀번호입니다. 최소 6자 이상의 암호를 사용하세요.

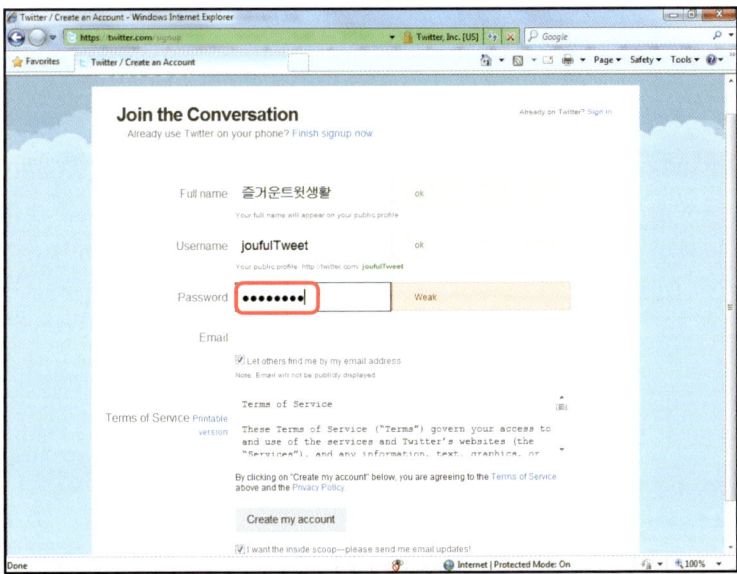

09 E-mail은 계정을 잃어버렸을 때나 최초 로그인할 때 필요합니다. 정확히 입력합니다.

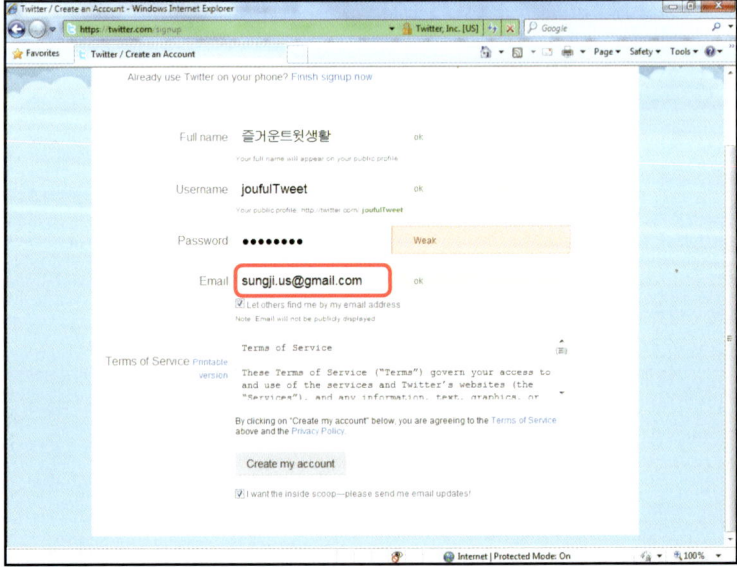

10 약관을 잘 읽어보고 [Create my account]를 클릭합니다.

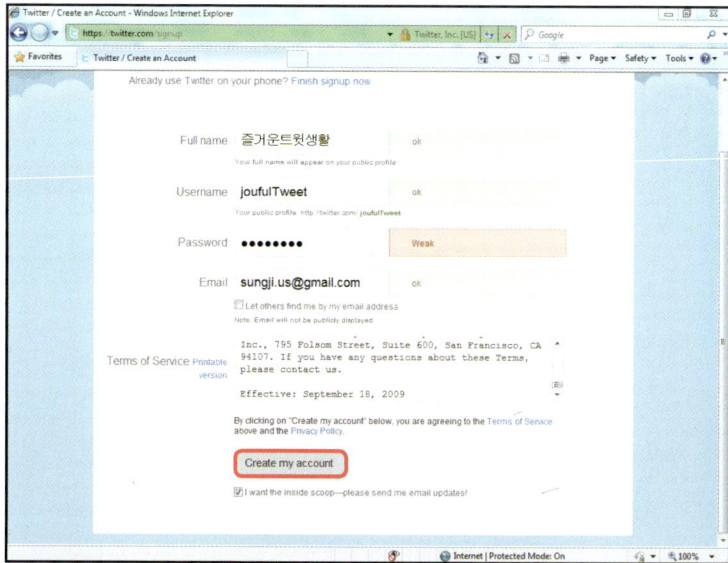

Tip

바로 아래에 있는 "Let others find me by my email address"의 체크표시를 해 두면 다른 사람이 나의 이메일로 팔로우를 할 수 있습니다. 선택사항이니 체크를 해제해도 됩니다.

11 Are you human? 이라는 작은 창이 나타나면서 사람이 맞다면 저 단어를 입력하라고 나타납니다.

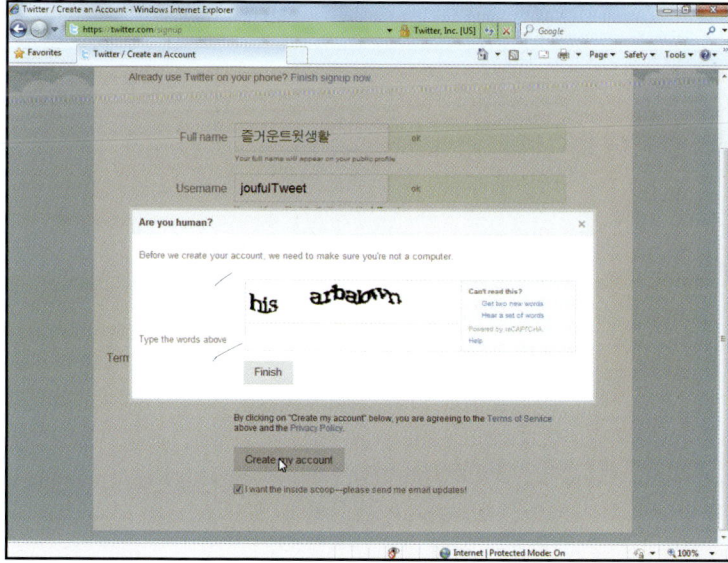

12 알아보기 힘들지만 입력을 해 보겠습니다.

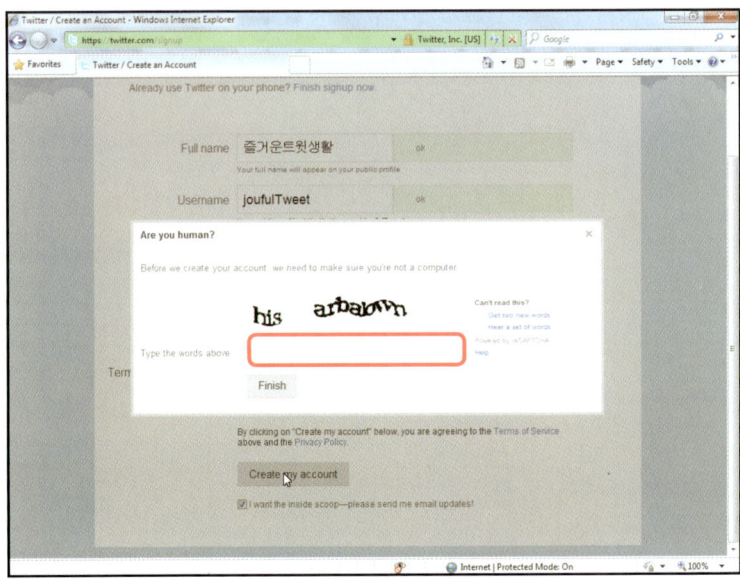

13 입력을 했지만 좀 틀린 것 같습니다. 정확히 w인지 n인지 구분이 가질 않습니다. 이럴때는 [Get new two words]를 클릭해서 다른 단어를 받습니다.

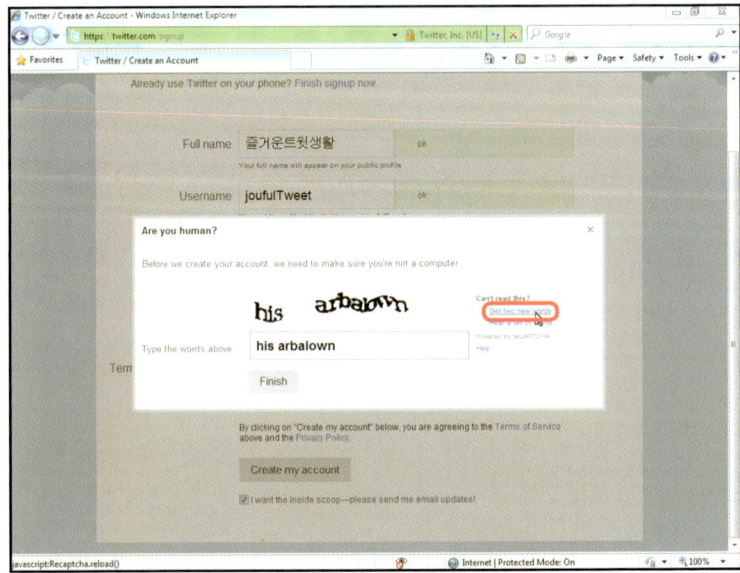

14 조금은 알아보기 쉬운 단어가 나타났습니다.

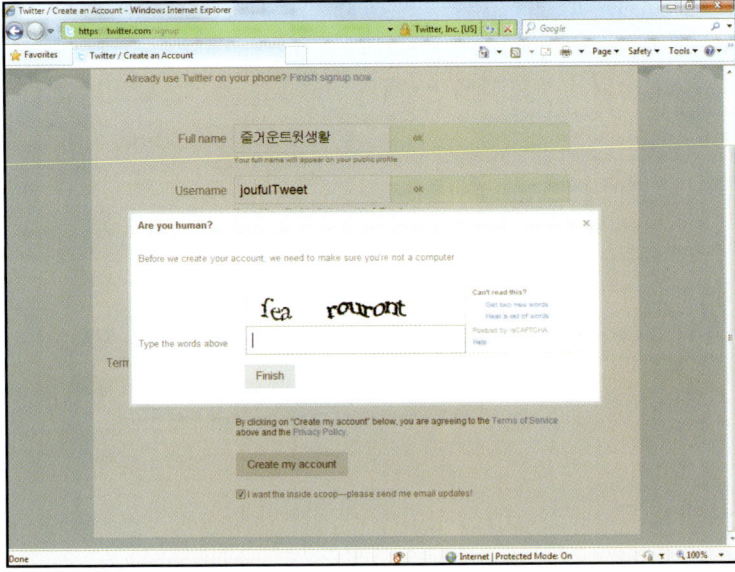

15 단어를 입력하고 [Finish]를 누릅니다.

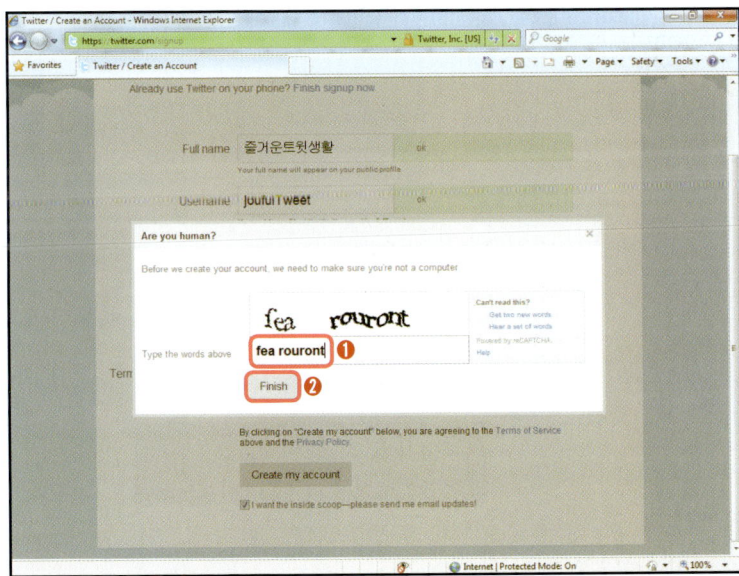

16 가입이 성공적으로 완료되면 Find source that interest you라는 창이 나타납니다. [Next step]을 클릭합니다.

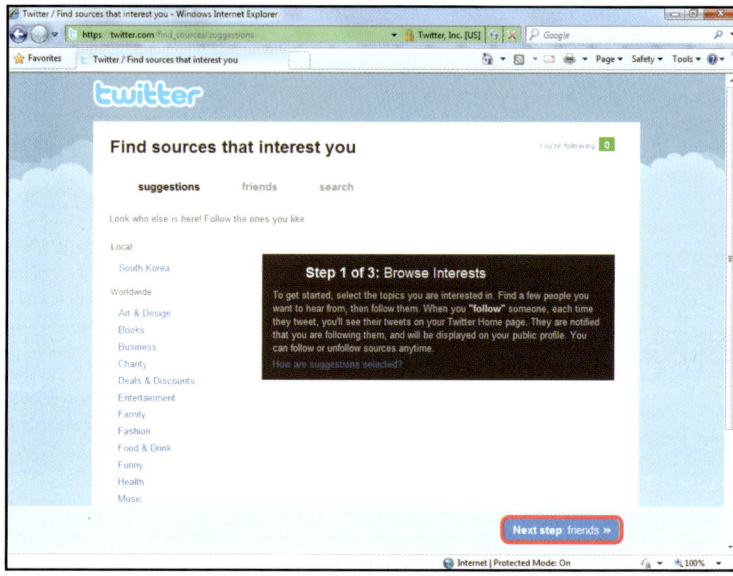

17 혹시 보안 경고창이 또 나타나게 되면 [예(YES)]를 누릅니다.

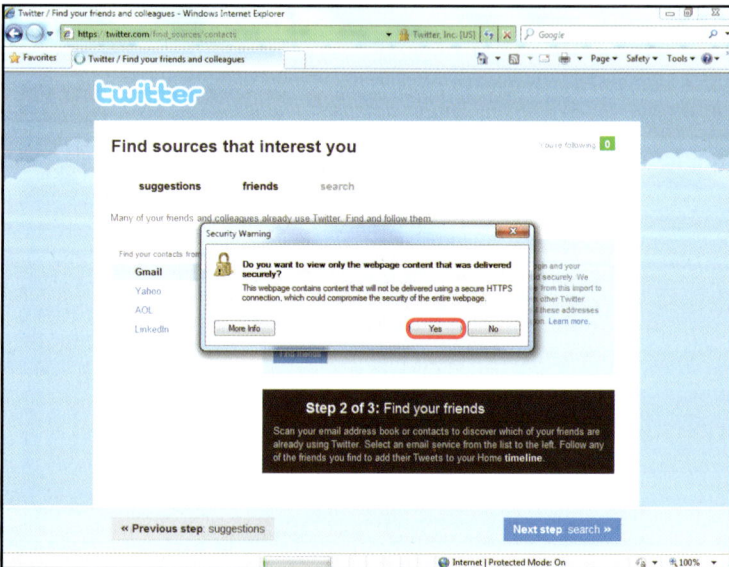

18 이메일에서 트위터를 하고 있는 지인을 찾을수 있게 해 줍니다. 이메일은 등록할 때의 이메일 기준입니다. [Next step]을 클릭해 넘어갑니다.

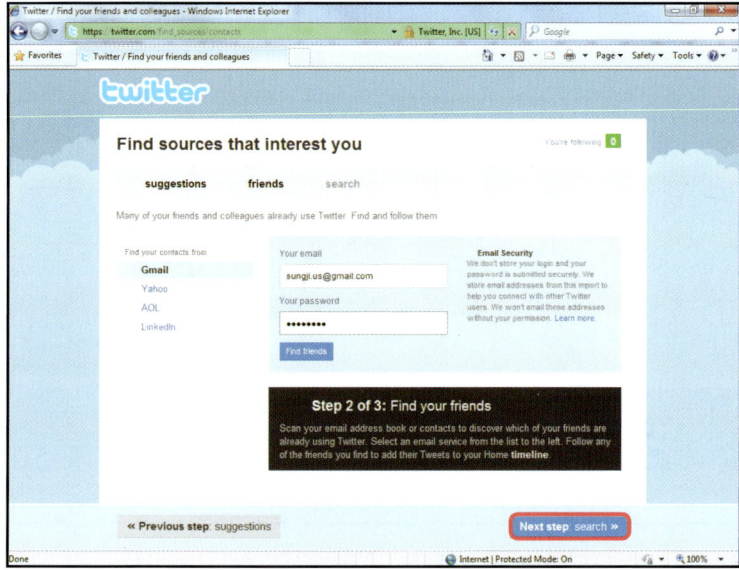

19 마지막 단계에 아이디를 찾아서 사용자를 팔로우하는 방법이 나타납니다.

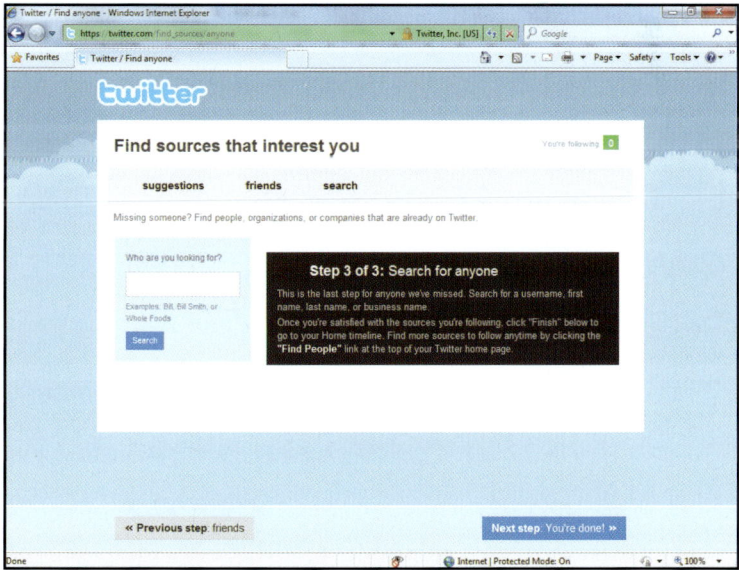

20 입력창에 thebangul이라고 입력합니다(또는 아는 사람의 트윗 아이디).

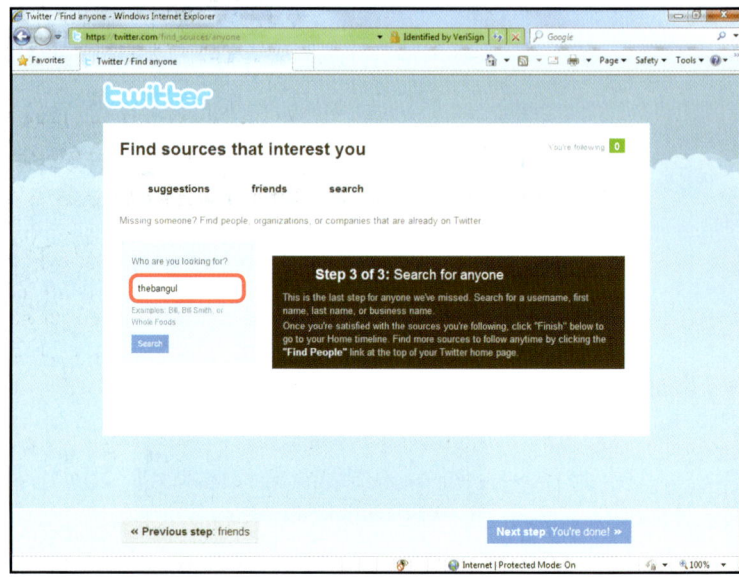

21 사용자의 트윗이 나타나면 [Follow]를 누릅니다.

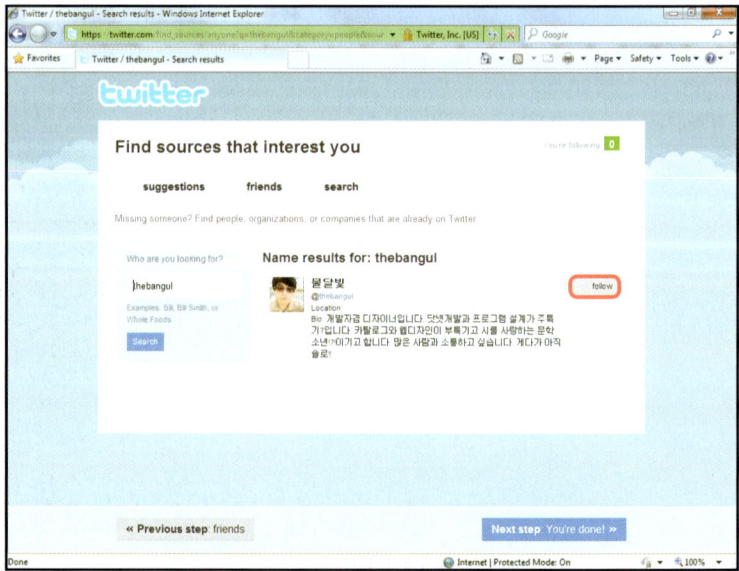

22 노란색으로 나타나면 정상적으로 팔로우가 신청된 상태입니다.
[Next step]을 누릅니다.

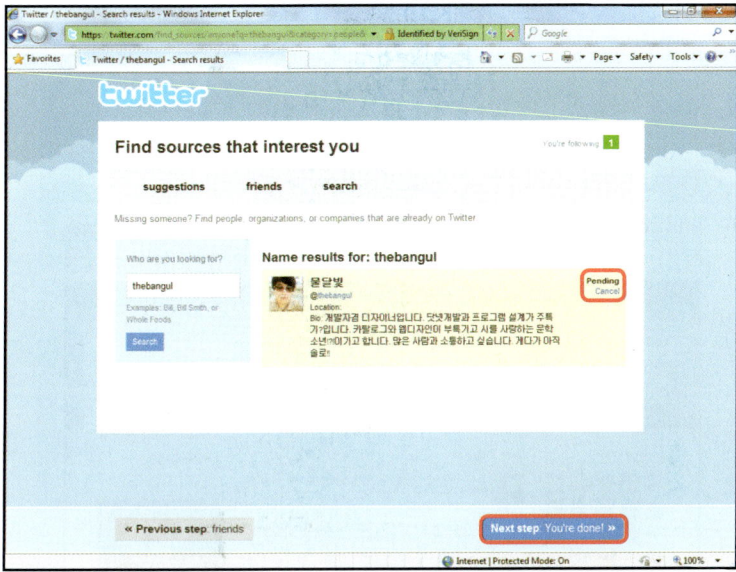

23 트위터의 메인화면이 나타났습니다.

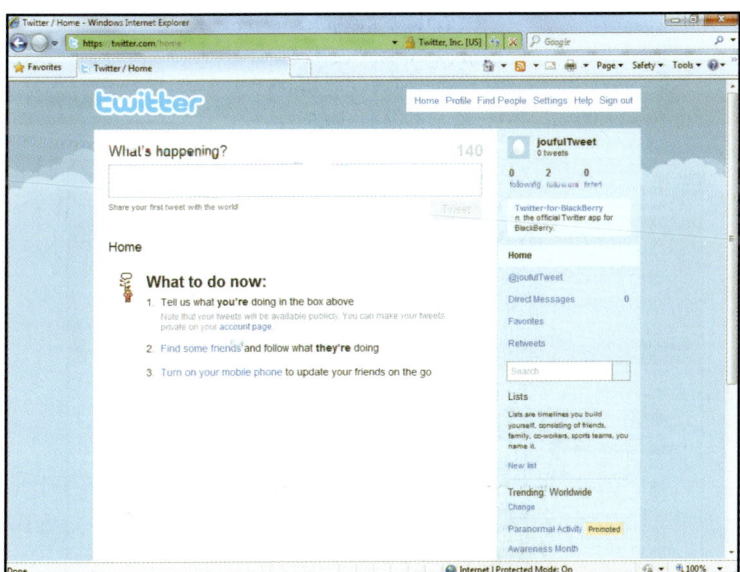

트위터에 가입했다면 로그인하는 방법을 알아봅니다. 이메일이나 트위터 아이디로 모두 로그인이 가능하며 이메일로 로그인 하게 되면 자신의 계정을 잊었다 하더라도 자신의 트위터 계정에 들어갈 수 있습니다.

01 트위터 메인화면 상단에 [Sign In]을 클릭합니다.

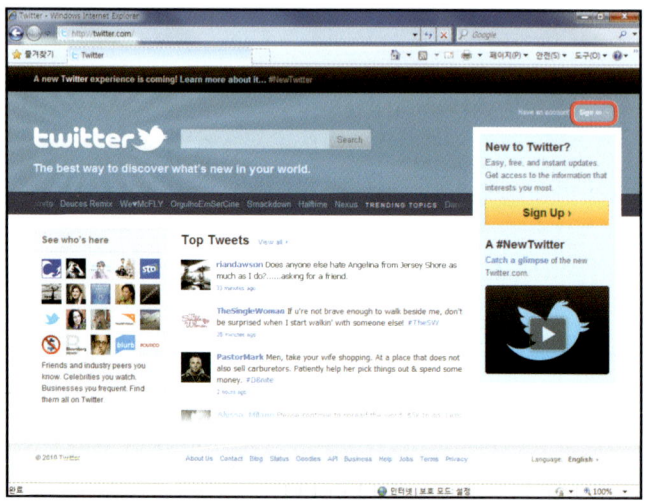

02 username or email에 가입한 아이디를 입력하고 Password에 비밀번호를 입력합니다.

03 입력이 되었으면 [Sign in] 버튼을 누릅니다.

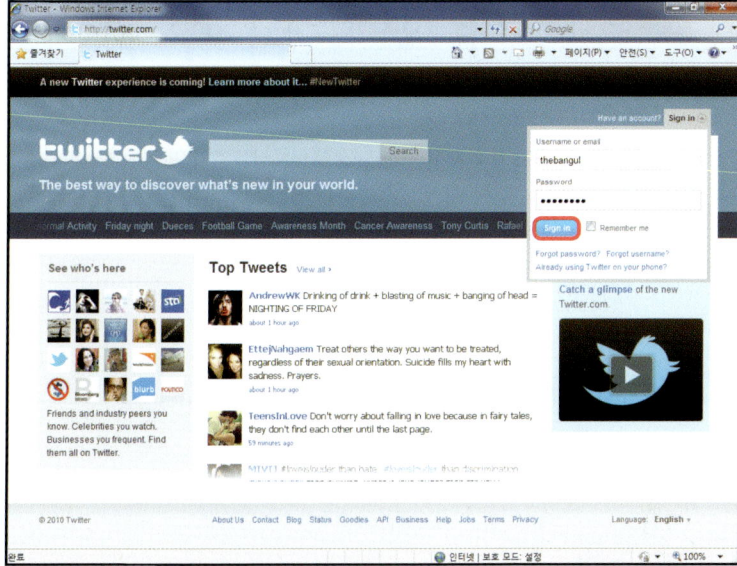

04 성공적으로 로그인이 되면 현재 나의 타임라인 페이지로 이동됩니다.

내 프로필 수정하기

내 프로필을 수정하고 다른 사용자에게 보여주는 방법입니다. 프로필은 다른 사용자들이 나를 팔로우하거나 궁금할 때 보게 되는 내용이므로 나의 소개와 사진, 홈페이지 주소와 같은 정보를 포함할 수 있게 되어 있습니다.

01 프로필 보기

나의 현재 프로필을 보는 방법입니다.

01 타임라인 페이지 상단에 [Profile]을 누릅니다.

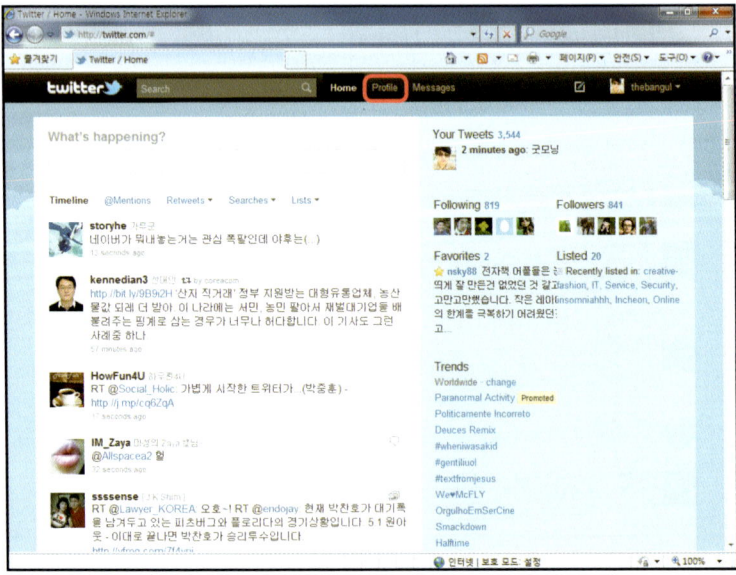

02 나의 프로필을 확인 할 수 있습니다. 사진, 소개글, 홈페이지 주소 등이 나타나며 이 화면은 다른 사용자들도 똑같이 볼 수 있습니다.

02 프로필 사진 바꾸기

프로필 사진이 마음에 들지 않거나 기본값으로 되어 있다면(알이나 새 그림) 사람들이 팔로우를 하지 않아주거나 관심조차 주지 않을 수 있습니다. 프로필 사진을 바꾸어 보겠습니다.

01 트위터 메인 화면에서 [Profile]을 누릅니다.

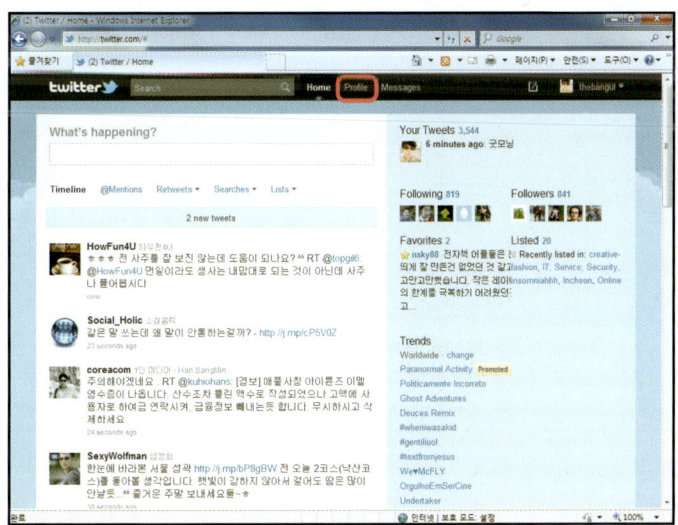

02 [Edit your profile]을 누릅니다.

03 [Profile]을 누릅니다.

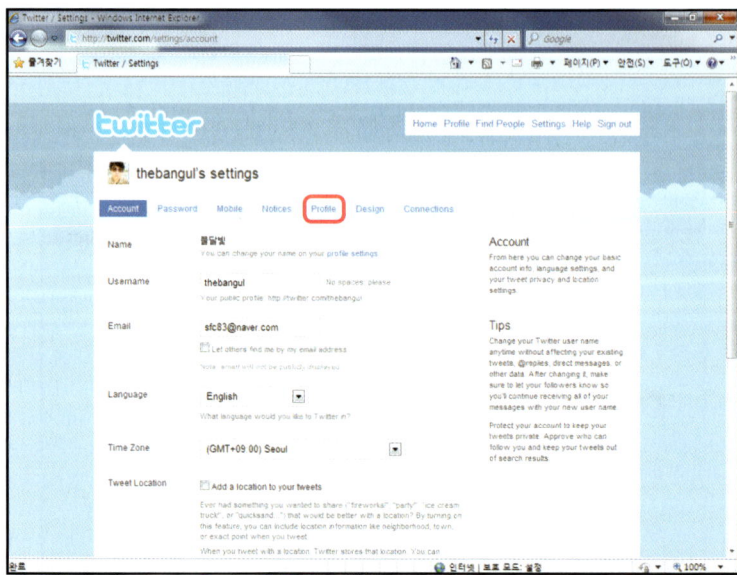

04 [Change Image]를 누릅니다.

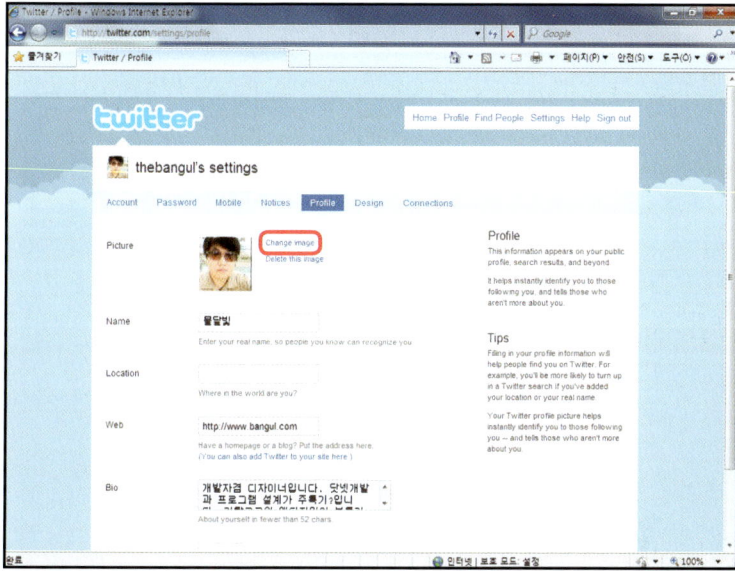

05 [찾아보기]를 누릅니다.

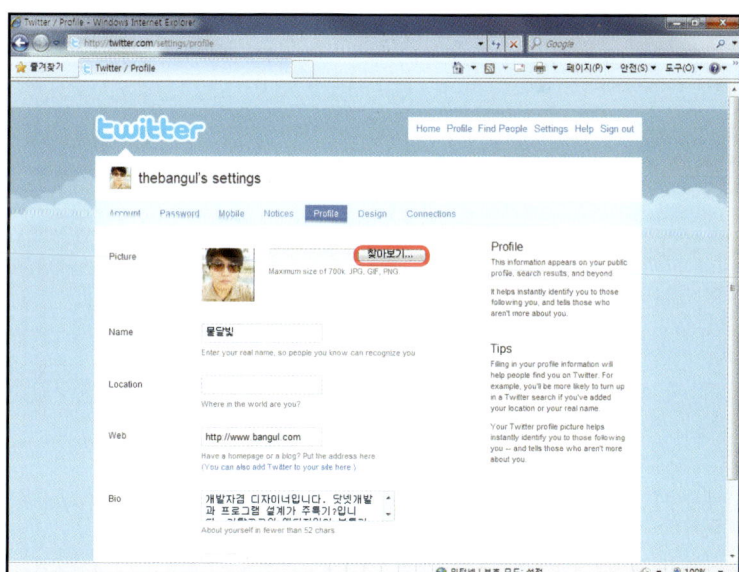

06 프로파일로 사용하고 싶은 이미지를 찾아 [열기]를 누릅니다.

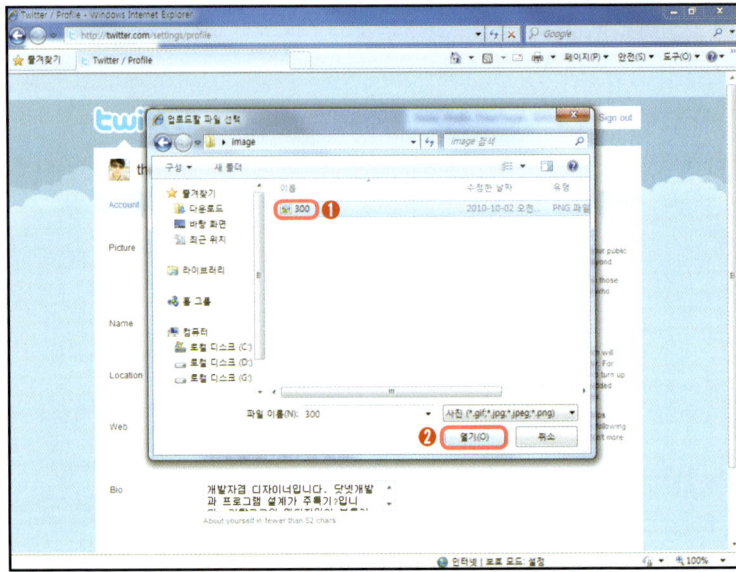

07 이미지 경로가 나타나면 화면을 아래로 스크롤 합니다.

08 [Save] 버튼을 클릭하여 수정한 프로필 내용을 저장합니다.

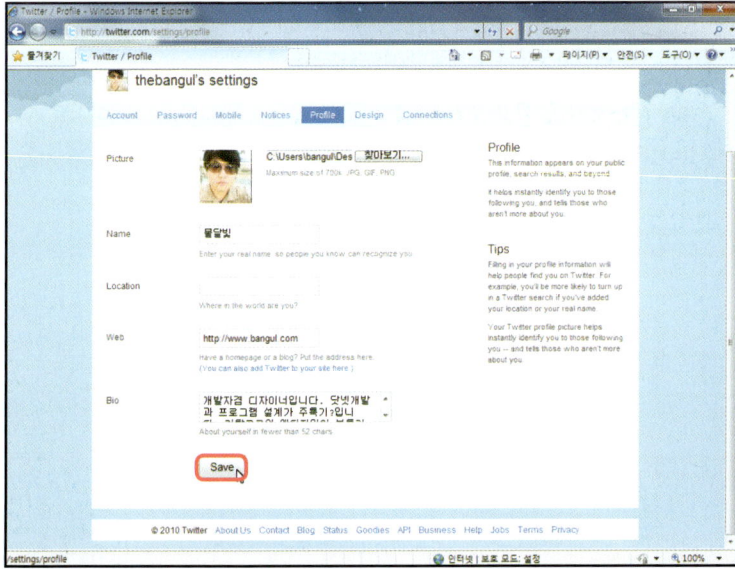

09 이미지를 업로드 하는 중입니다.

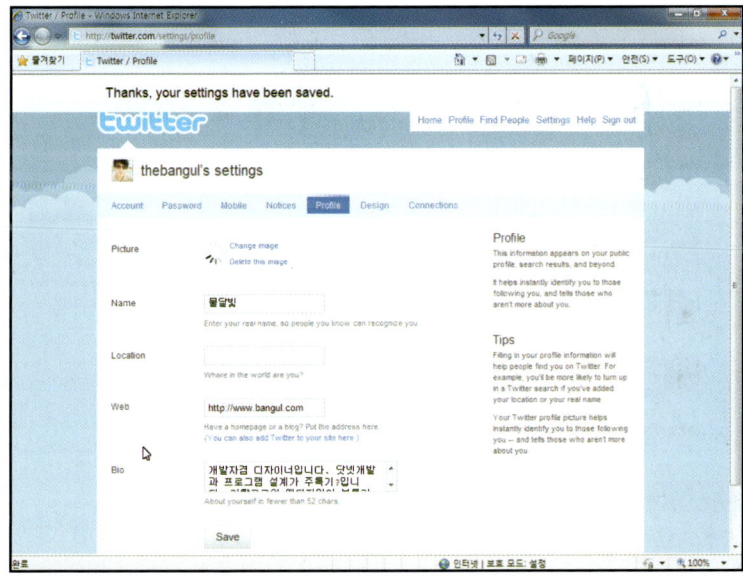

10 프로필 사진이 업데이트 된 것을 볼 수 있습니다. [Home]을 누릅니다.

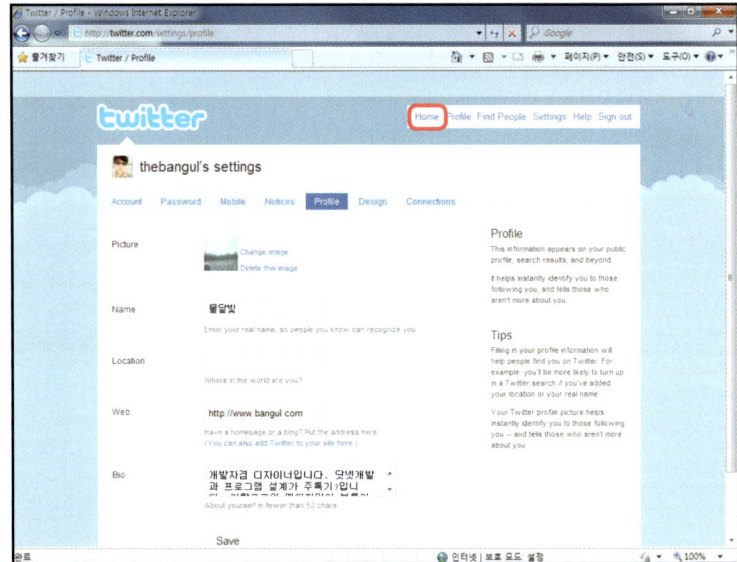

11 오른쪽 상단에 나의 프로필 사진이 변경된 것을 확인합니다.

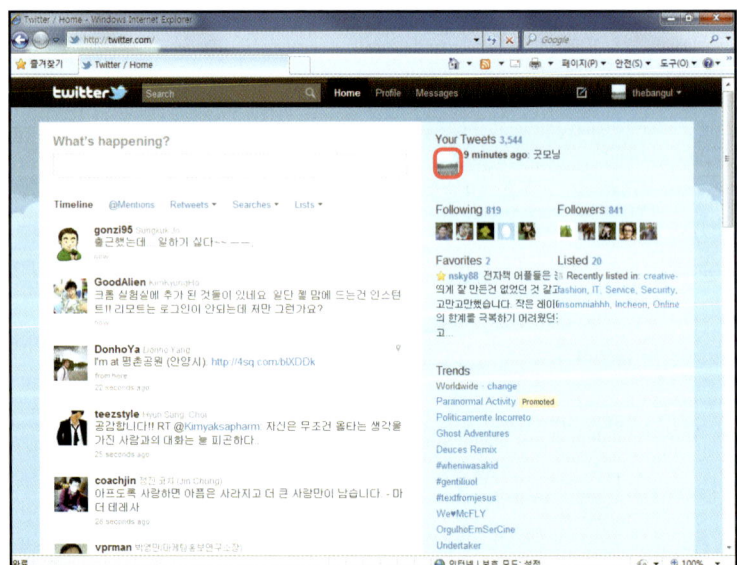

> **Tip**
>
> 프로필 사진은 다른 사용자들이 변경된 것을 볼 때까지 2일 정도까지 걸
> 릴 수 있습니다. 스마트폰에서 보는 경우에 하루나 이틀 정도까지 바뀌지
> 않을 수도 있습니다. 성급하게 여러 번 바꾸지 않도록 주의하세요.

이름 수정하기

프로필에 있는 이름을 수정할 수 있습니다. 기본적인 멘션이나 아이디로 트윗에서 대화를 하지만 프로필 이름이 나의 진짜 이름처럼 볼 수 있게 때문에 이름을 잘 짓는 것도 하나의 소통 수단이 됩니다.

01 트위터 메인화면에서 [Profile]을 누릅니다.

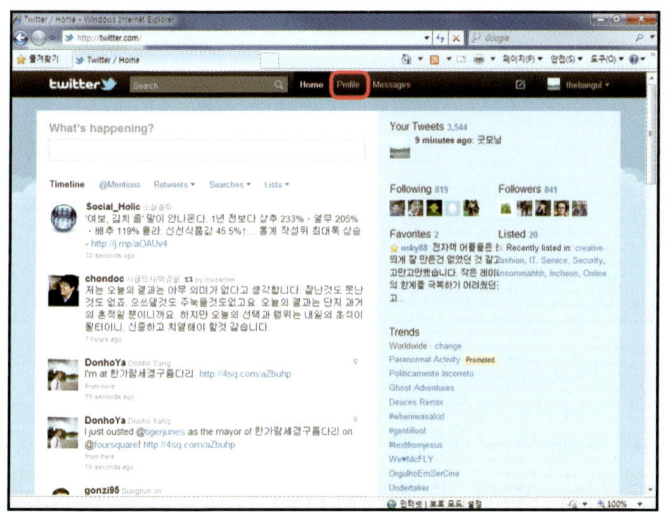

02 현재는 "물달빛"이라는 이름으로 되어 있습니다. [Edit your profile]을 누릅니다.

03 [Profile]을 누릅니다.

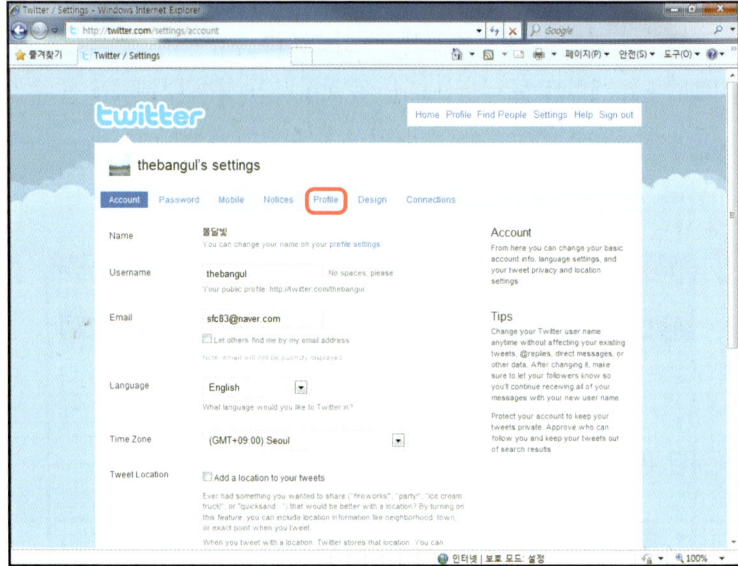

04 두 번째에 있는 Name을 "GoodTheMorning"으로 바꿨습니다. 여러분이 원하는 이름을 자유롭게 입력합니다.

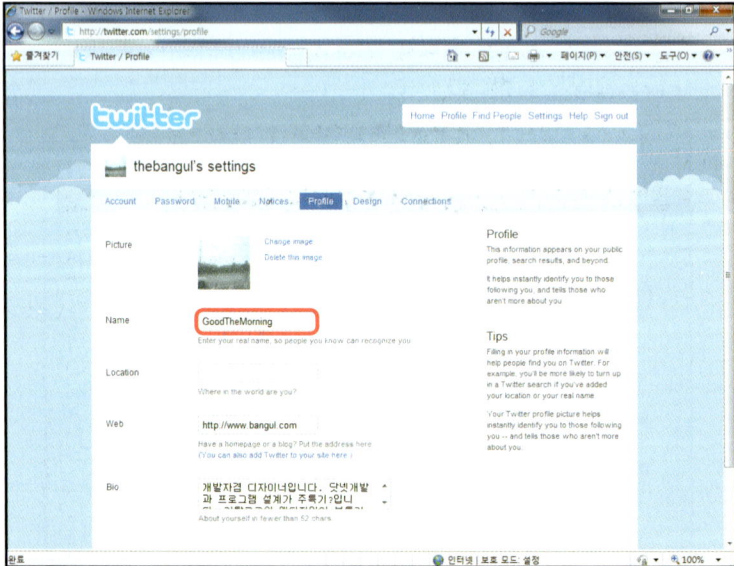

05 [Save] 버튼을 눌러 저장합니다.

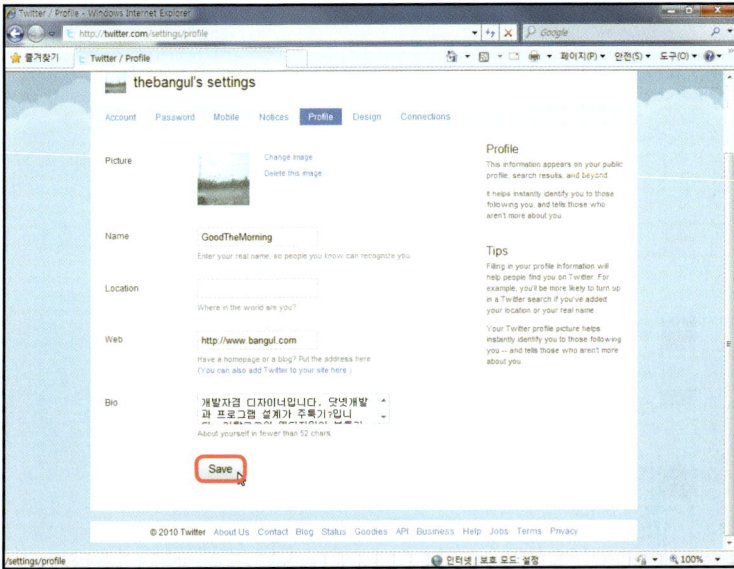

06 상단에 Thanks, your settings have been saved.를 확인하고 [Home]을 누릅니다.

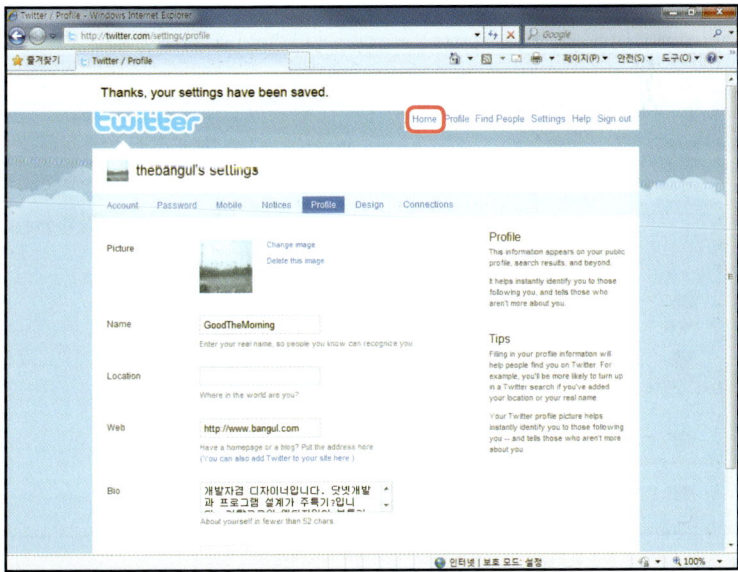

07 여기서는 바뀐 이름이 보이지 않습니다. [Profile]을 누릅니다.

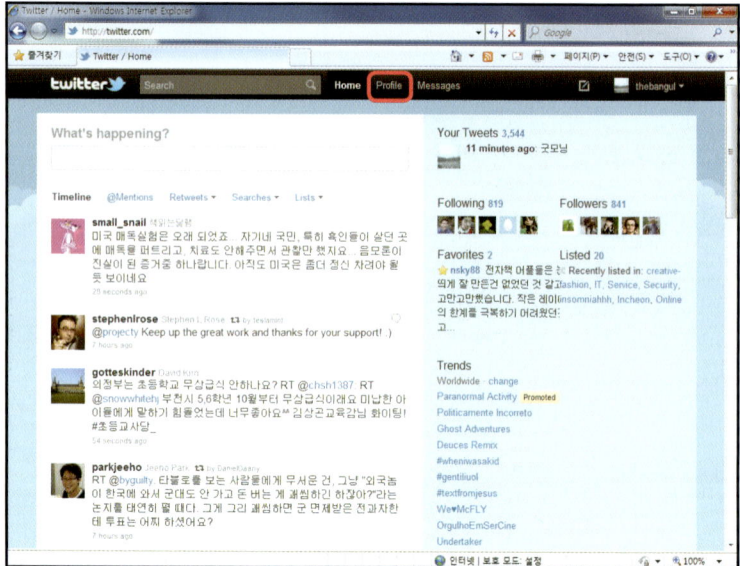

08 내 프로필에 이름이 바뀐 것을 볼 수 있습니다.

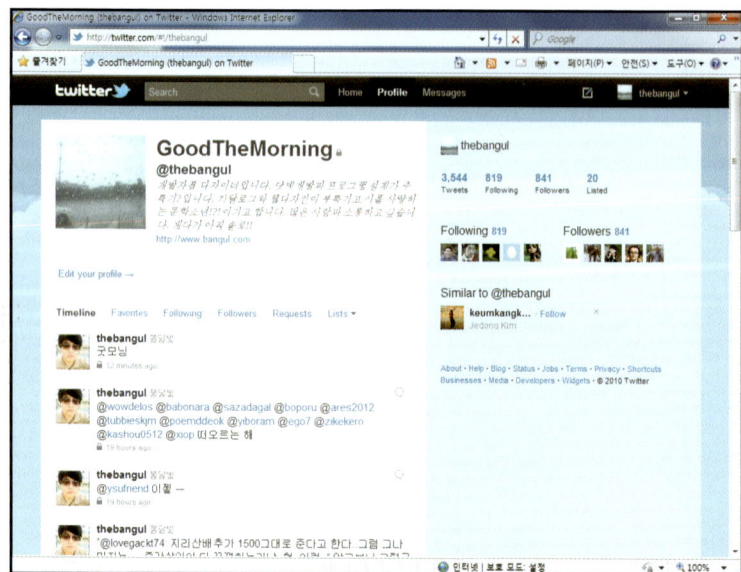

내 프로필에 대한 설명을 변경할 수 있습니다. 다른 사용자들이 가장 유심
히 보게 되는 부분이며 자신이 가진 성향, 좋아하는 취미 등을 쓰면 효과
가 좋습니다.

01 트위터 메인화면에서 [Profile]을 누릅니다.

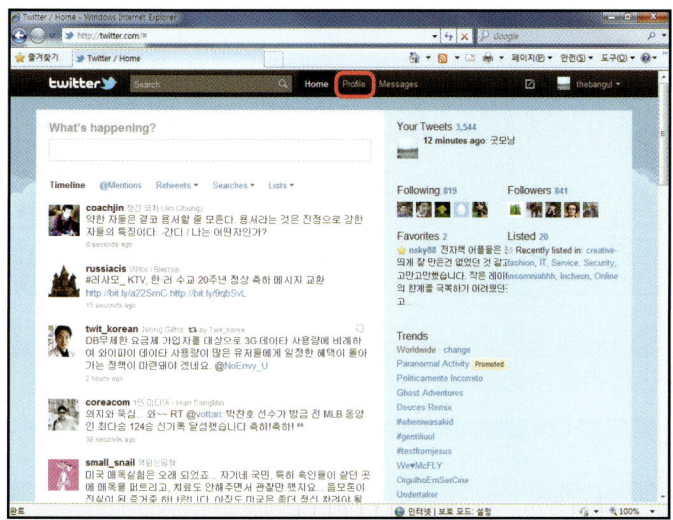

02 [Edit your profile]을 누릅니다.

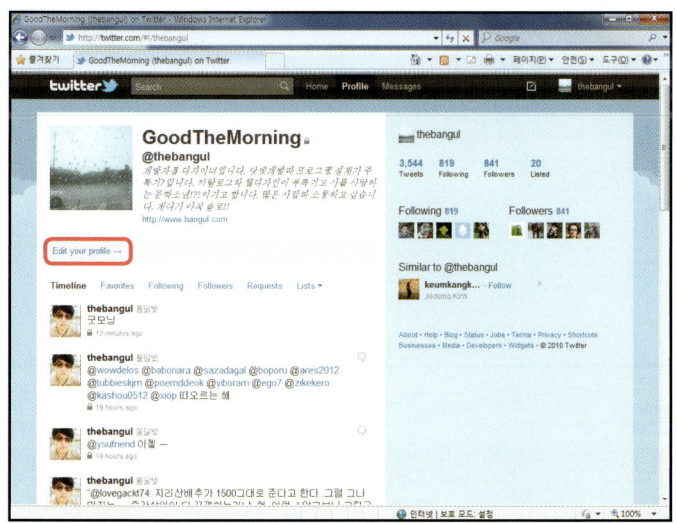

03 [Profile]을 누릅니다.

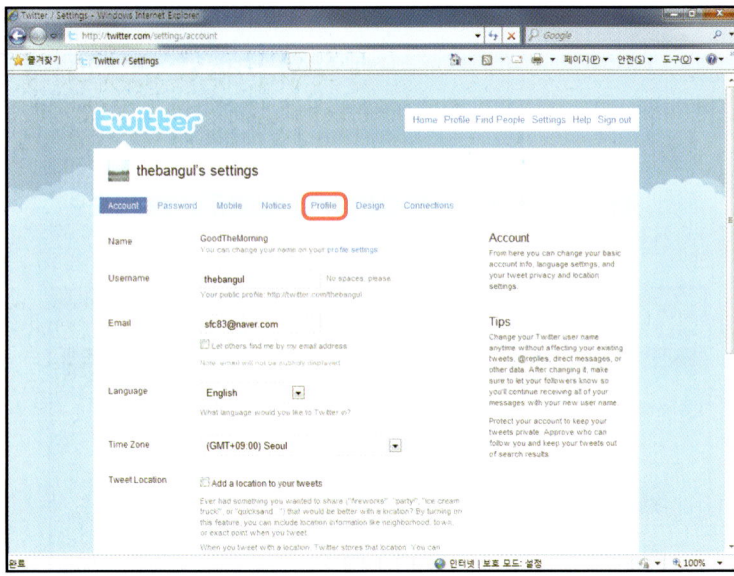

04 Bio항목을 수정합니다.

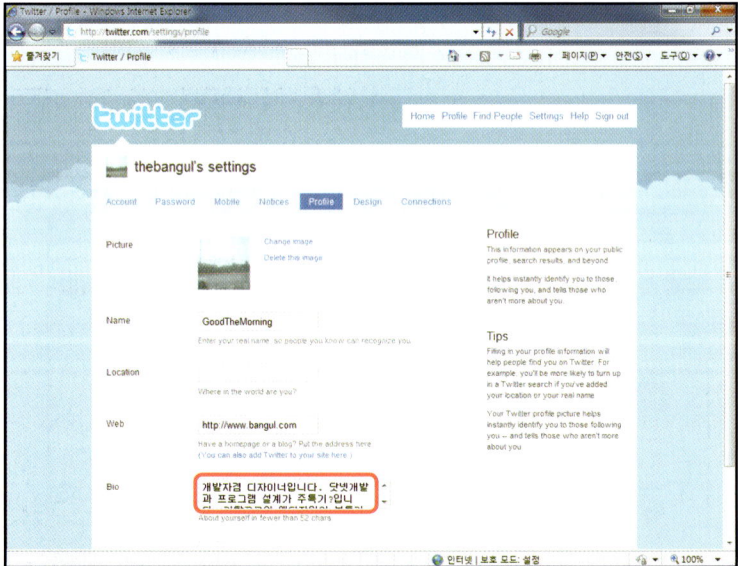

Tip
Bio는 자신의 프로필과 같습니다. Biography의 줄임말로 자기소개입니다.

05 Bio를 수정하는데 글자 제한은 140자 보다는 깁니다. 여기에 간단한 나의 소개를 입력하면 됩니다.

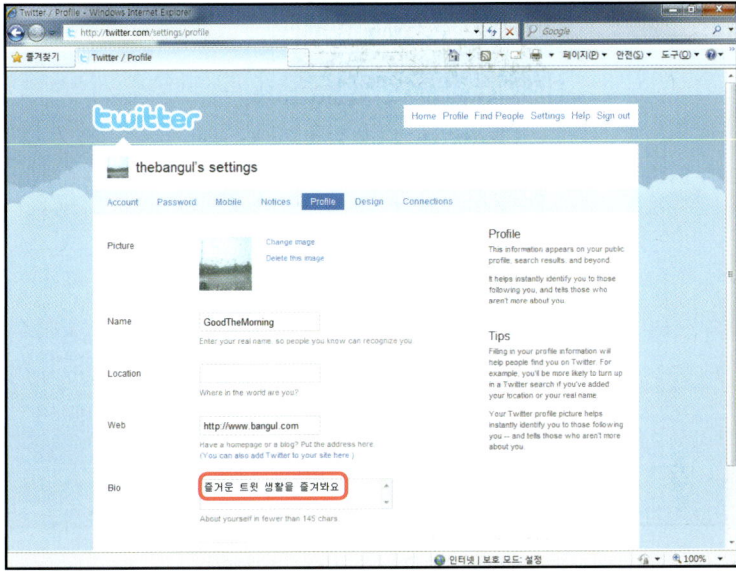

06 입력을 마쳤으면 [Save] 버튼을 누릅니다.

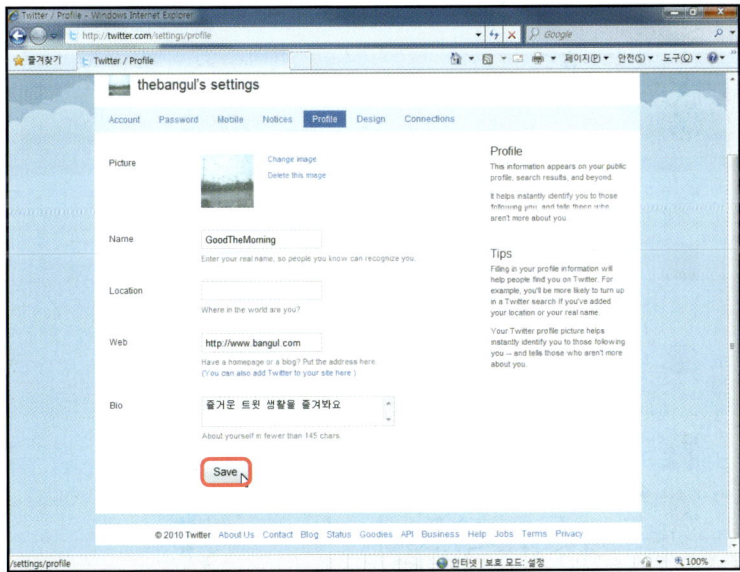

07 Thanks, your setting have been saved.를 확인하고 [Home]을 누릅니다.

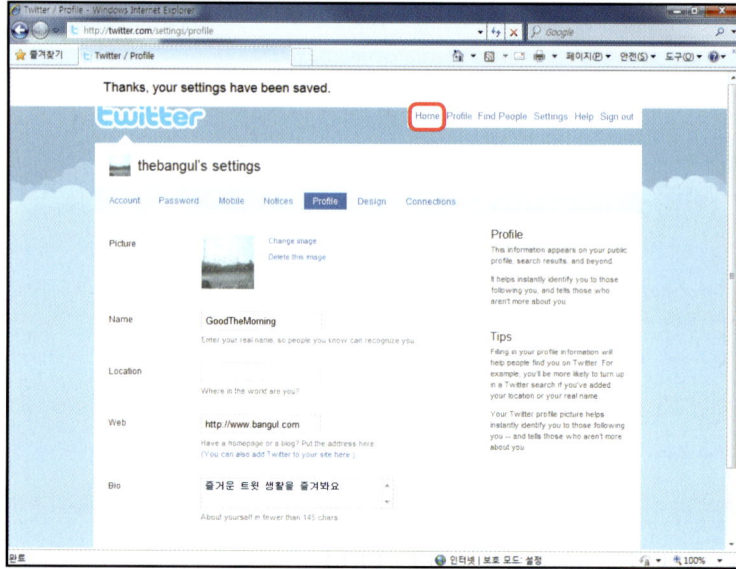

08 [Profile]을 누릅니다.

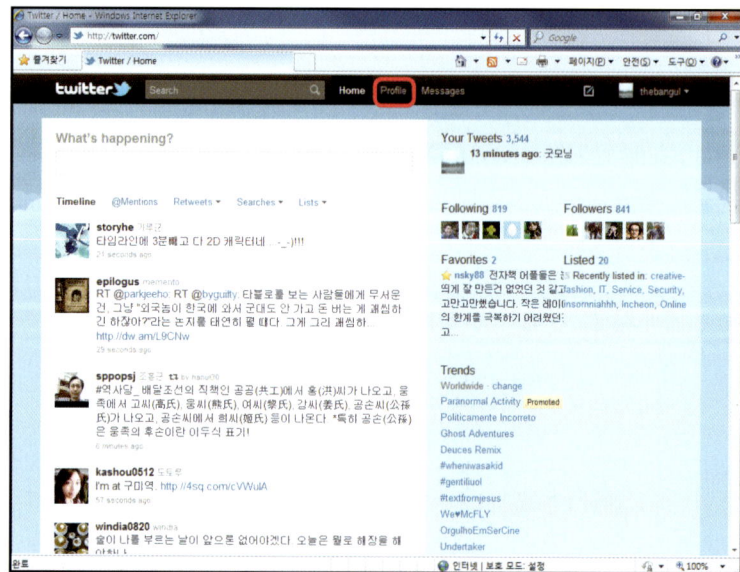

09 소개글이 변경된 것을 확인 할 수 있습니다.

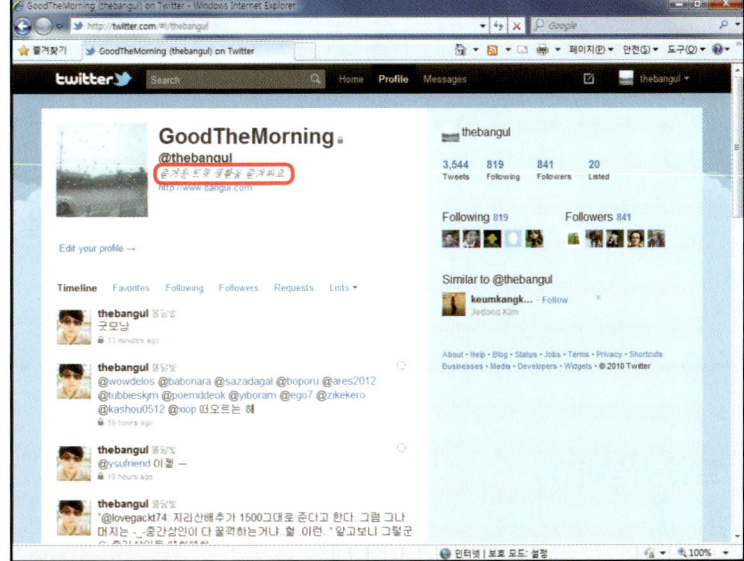

Tip

소개글에 /로 구분하여 키워드를 빽빽이 넣어서 검색이 잘 되게 하는 것도 팔로어를 많이 모집하는데 도움이 될 수 있습니다. 전화번호나 개인 사생활 정보를 입력하지 않도록 주의하세요.

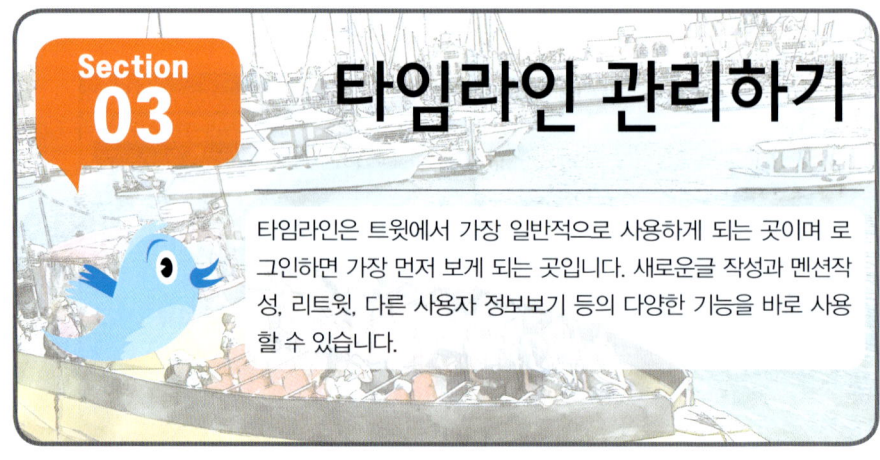

타임라인 관리하기

타임라인은 트윗에서 가장 일반적으로 사용하게 되는 곳이며 로그인하면 가장 먼저 보게 되는 곳입니다. 새로운글 작성과 멘션작성, 리트윗, 다른 사용자 정보보기 등의 다양한 기능을 바로 사용할 수 있습니다.

01 트윗 작성하기

트윗을 작성하여 다른 사람들에게 나의 생각이나 이야기를 전달하는 것이 트위터의 기본입니다. 내가 작성한 글이 다른 사람들의 이야기 속에 녹아들 수 있도록 호소력 있게 쓰면 더욱 좋습니다.

01 트위터의 메인화면에서 What's Happening? 아래의 입력창에 내가 쓰고 싶은 글을 입력합니다.

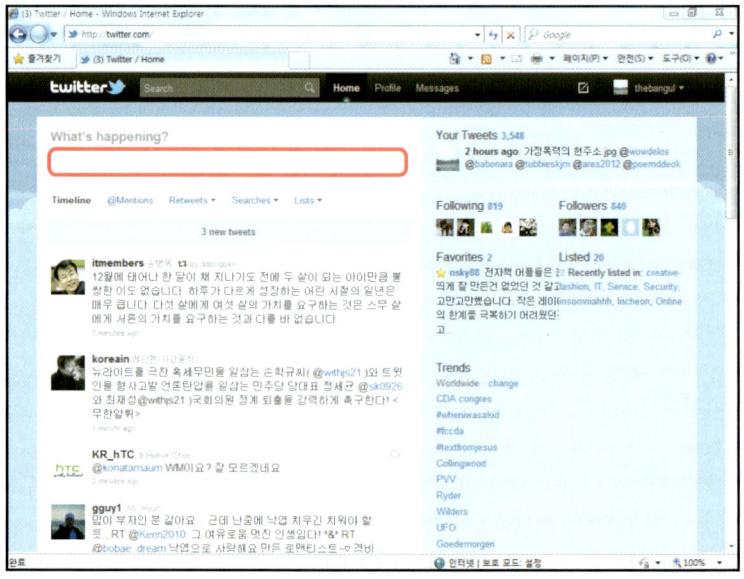

02 글을 모두 작성했으면 [Tweet]를 클릭합니다.

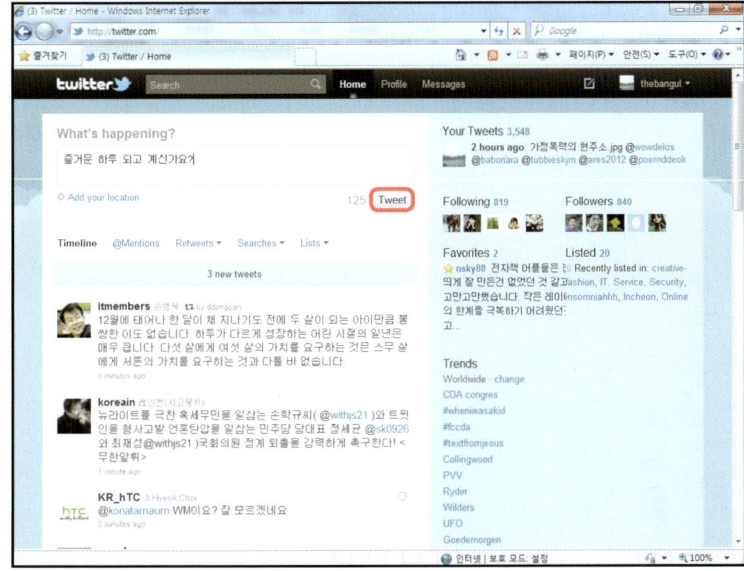

03 Timeline에 새로운 글이 작성되었습니다.

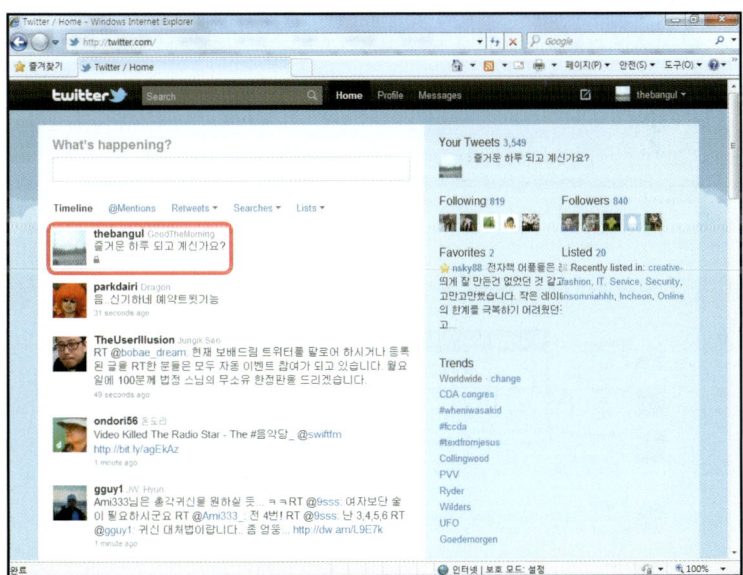

Special Tip

다른 방법으로 입력하기

❶ 화면 상단에 있는 [작성] 버튼을 클릭합니다.

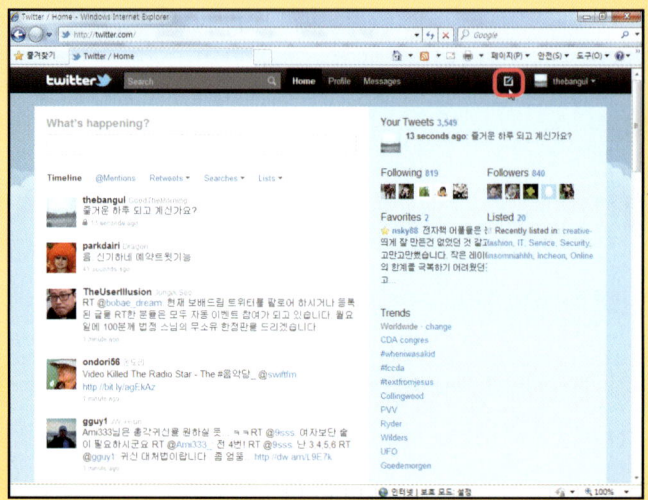

❷ What's Happening 창이 팝업처럼 나타납니다. 여기에 트윗을 작성하고 [Tweet]을 클릭합니다.

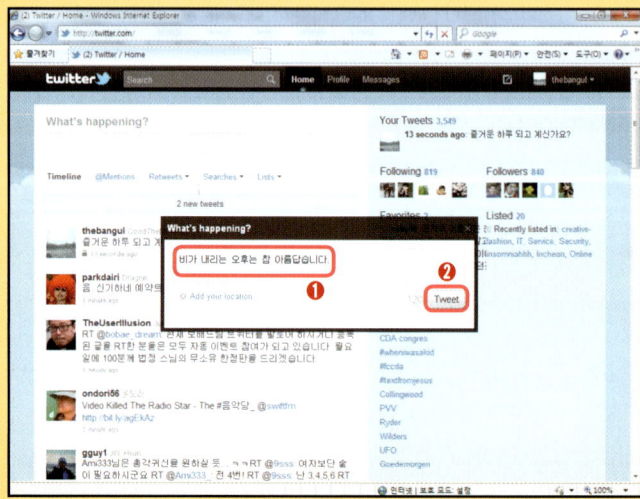

타임라인에 마음에 드는 글이 나타나면 그 글에 댓글인 맨션을 달 수 있습니다. 수많은 사람들이 이야기 하는 곳이지만 특정한 사람에게 글을 보낼 수 있고 다른 사람들과 공유할 수 있습니다.

01 트위터 메인화면에서 답글을 할 글이 있는지 확인해 봅니다.

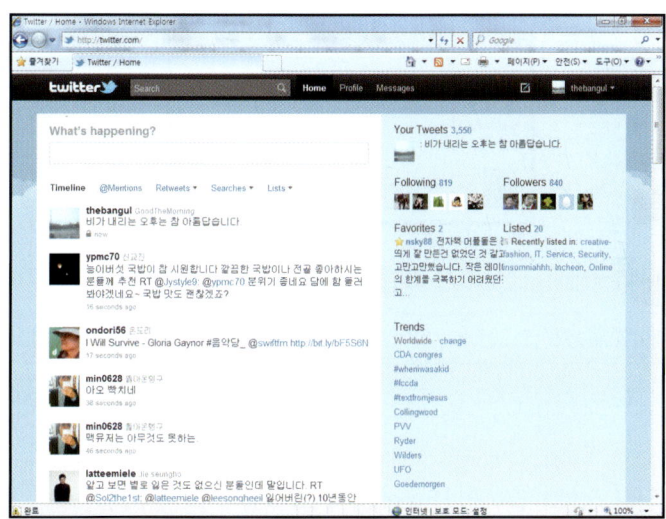

02 답글을 할 글을 찾으면, 마우스를 그 글에 올리면 링크가 나타납니다. [Reply]를 클릭합니다.

03 답글의 대상이 되는 사용자의 아이디가 나타납니다. 답글을 작성합니다.

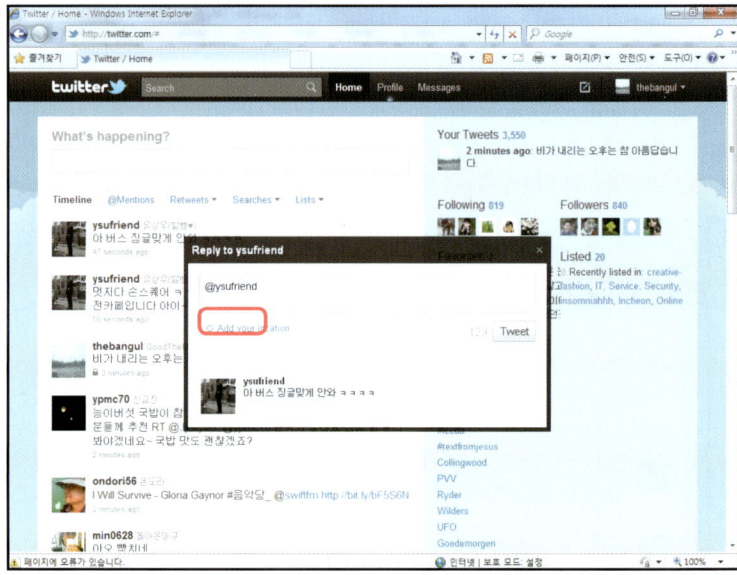

04 답글 작성이 끝나면 [Tweet]를 누릅니다.

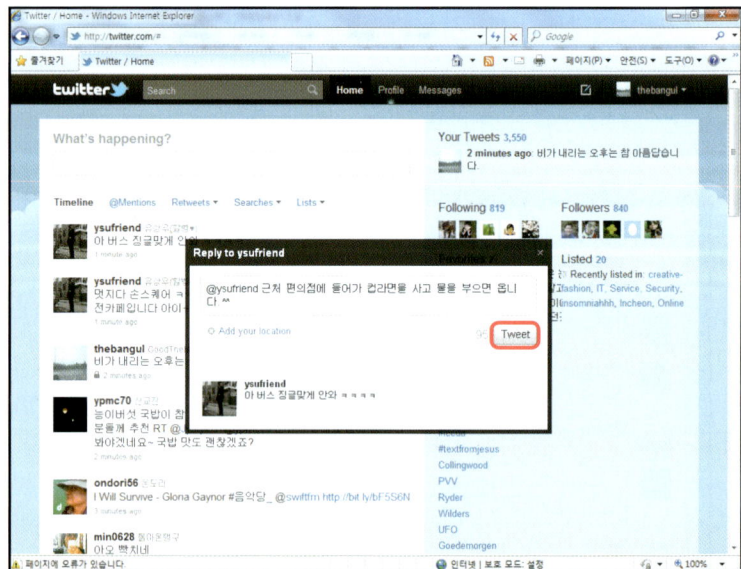

05 답글이 입력되었습니다.

리트윗을 하게 되면 글을 수정하지 않고 그대로 내 타임라인에 복사하는 효과를 낼 수 있습니다. 리트윗을 한 글은 나를 팔로우한 사람들이 모두 보게 되므로 내용을 주의하여야 합니다.

01 트위터 메인화면에서 리트윗할 글을 고릅니다.

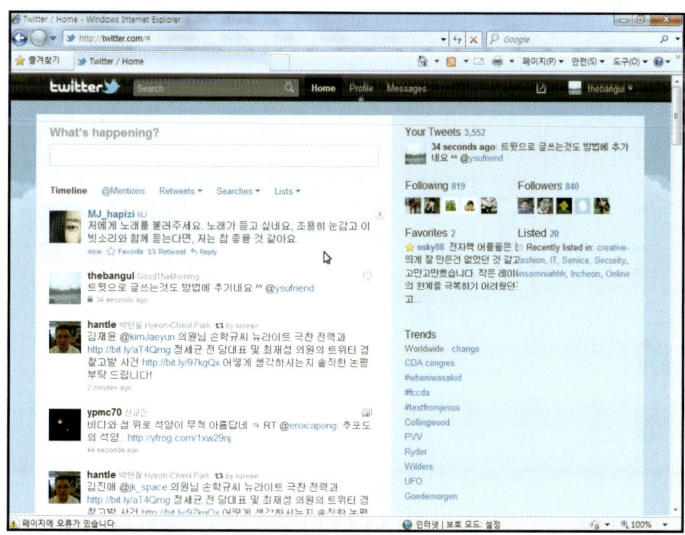

02 글 위에 마우스를 올리면 나타나는 메뉴에서 [Retweet]를 누릅니다.

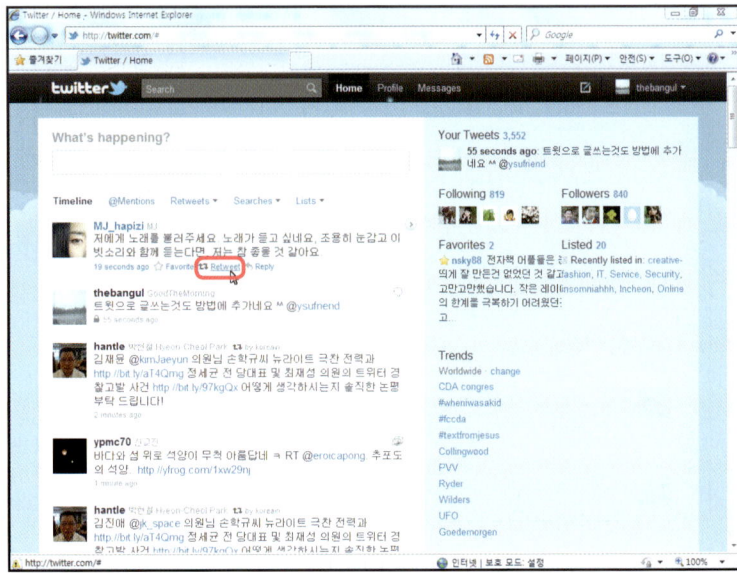

03 Retweet this to your followers?라는 창이 나타납니다. [Retweet]을 누릅니다.

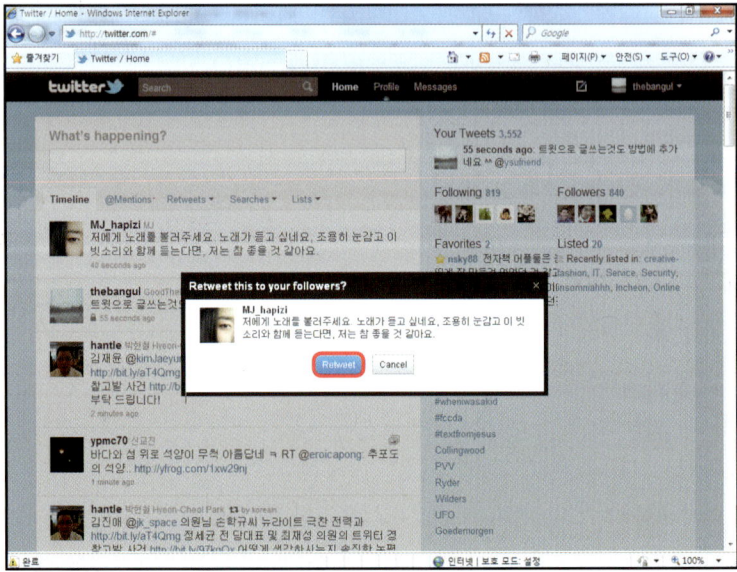

04 리트윗한 글에는 녹색으로 표시가 나타난 것을 볼 수 있습니다.

다른 사용자의 정보를 찾아보는 방법입니다. 특히 나를 팔로우한 사용자들의 정보가 궁금할때가 많습니다. 나를 팔로우한 사용자정보 보기를 먼저 알아보겠습니다.

01 트위터 메인화면에서 [Followers]를 누릅니다.

02 팔로어 중에 정보를 보고 싶은 사용자를 찾습니다.

03 정보가 궁금한 사용자의 아이디를 누릅니다.

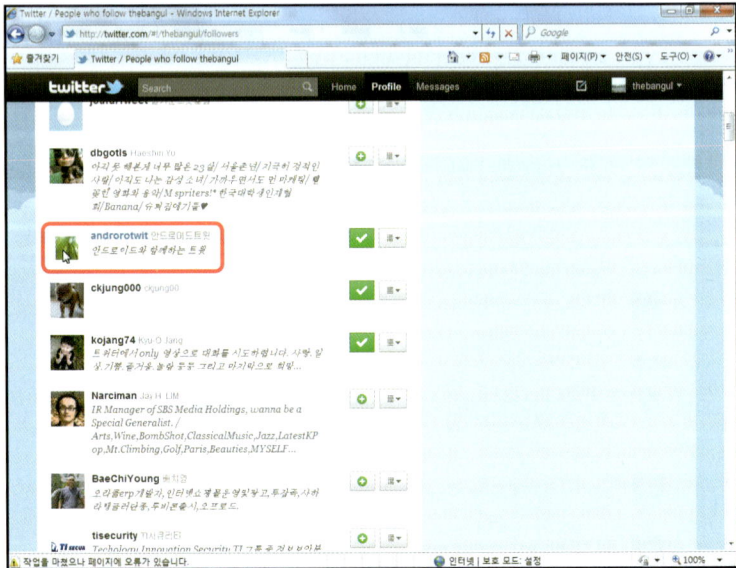

04 사용자의 정보가 오른쪽에 나타납니다. 사용자명 뒤에 [view full profile]를 누르면 더 자세한 정보를 볼 수 있습니다.

05 사용자의 정보가 나타나고 타임라인과 트위터 내에서의 활동사항이 나타납니다.

> **Tip**
>
> 사용자의 정보를 볼 때 나의 타임라인에서도 아이디를 클릭하면 위와 같이 사용자 정보를 확인할 수 있습니다. 위의 예제에서는 주로 궁금하게 되는 팔로어의 정보를 확인해 보았습니다.

Section 04 팔로우하기

트위터에서 기본이 되는 팔로우하기를 알아봅니다. 이 섹션에서는 아이디를 알고 있는 사용자를 검색하여 팔로우를 해 보겠습니다.

01 팔로우하기

01 트위터 메인화면에서 아이디를 알고 있는 경우 [Search]를 클릭합니다.

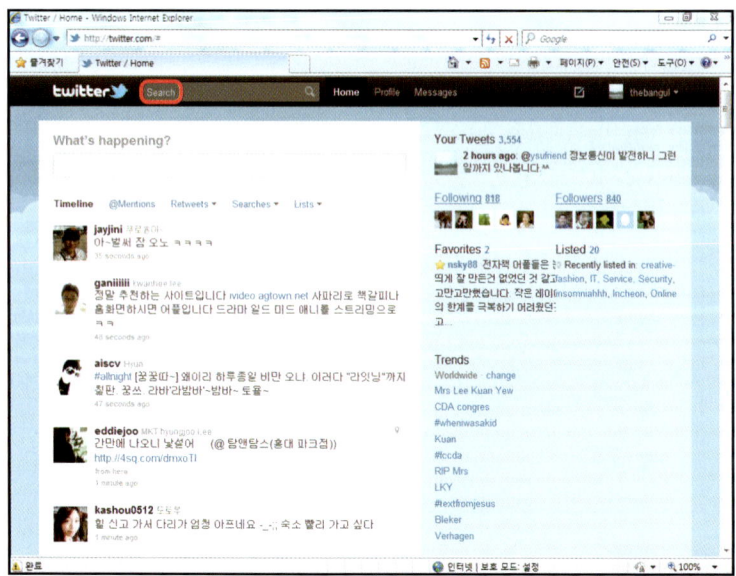

02 예제에서는 'muldalvit' 사용자를 찾아보겠습니다.

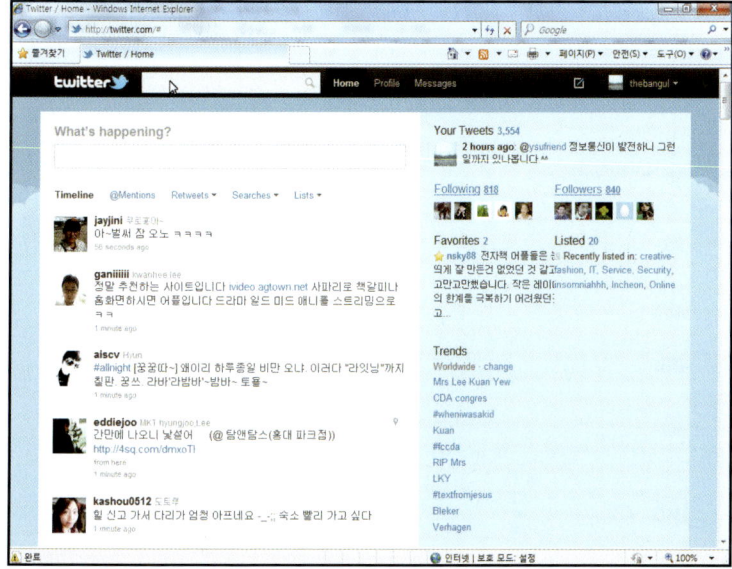

03 입력을 했으면 돋보기 아이콘(🔍)을 클릭합니다.

04 검색결과가 나오면 muldalvit 아이디를 누릅니다.

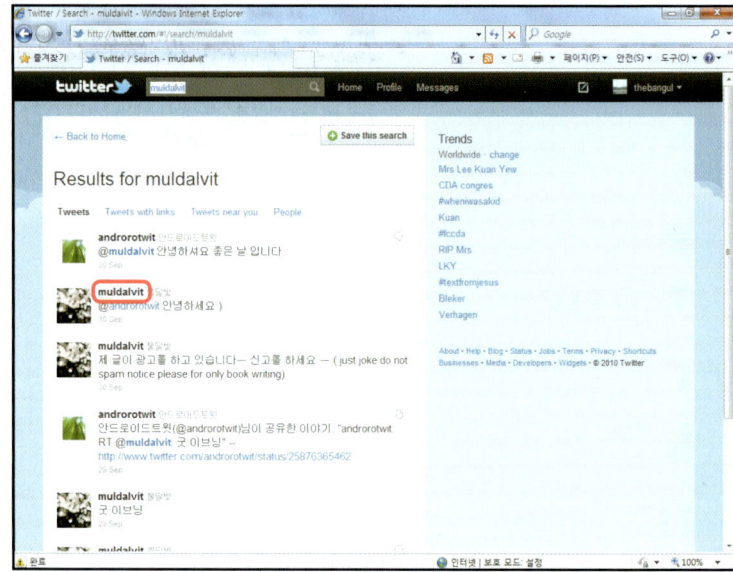

05 오른쪽에 나타나는 사용자 정보 아래에 [Follow] 버튼이 있습니다.
[Follow] 버튼을 누릅니다.

06 Following이 완료되고 녹색으로 버튼의 색이 바뀝니다.

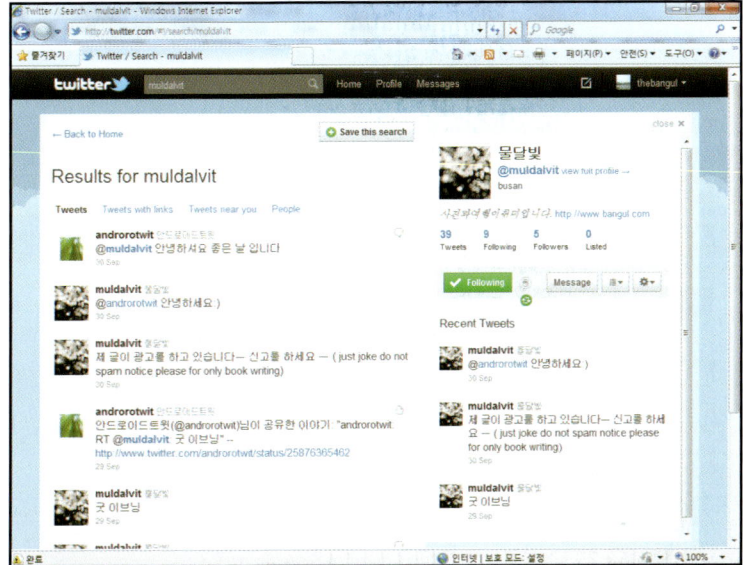

Tip

팔로우가 되지 않는다면 약 1분 뒤에 다시 시도 해 보아야 합니다. 가끔
네트워크나 트위터의 사정으로 지연되는 경우가 있습니다.

나를 팔로우하고 있는 사람들을 팔로어라고 합니다. 팔로어 숫자가 직접
적인 영향력을 가지고 있지 않지만 나의 말 한마디가 동시에 몇 명에게 보
이는지 알 수 있습니다.

01 트위터 메인화면에서 오른쪽에 나타난 [Followers]를 누릅니다.

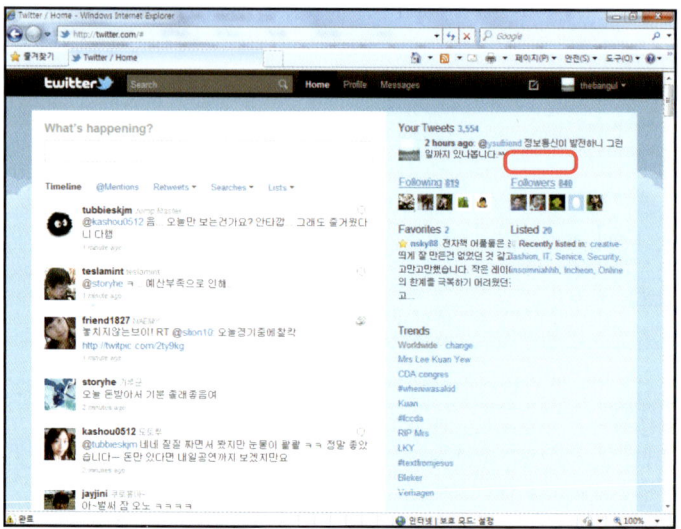

02 나를 팔로우하고 있는 사람들의 숫자와 함께 사용자 프로필
이 나타납니다.

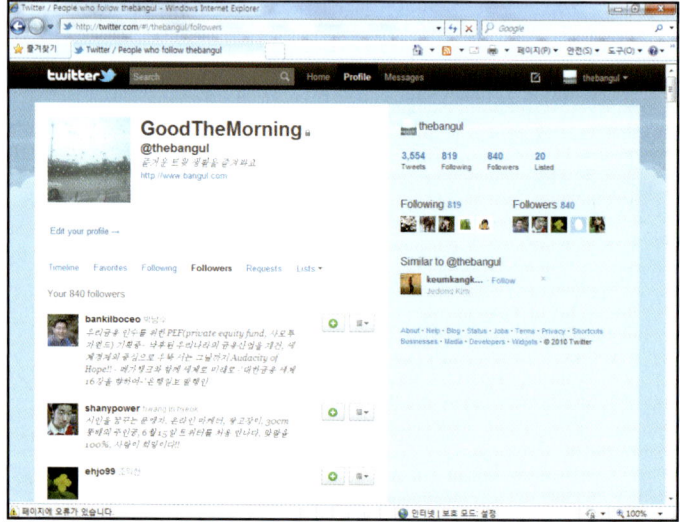

03 맞팔하기

나를 팔로우하고 있는 사람들을 내가 팔로우하여 서로 팔로잉이 된 상태를 "맞팔한다"라는 용어를 쓰고 있습니다. 정식 용어는 아니지만 사용자 사이에서 그러한 호칭으로 부르고 있습니다. 대부분 팔로우를 하면 예의처럼 서로 팔로우를 합니다.

01 트위터 메인화면에서 [Followers]를 누릅니다.

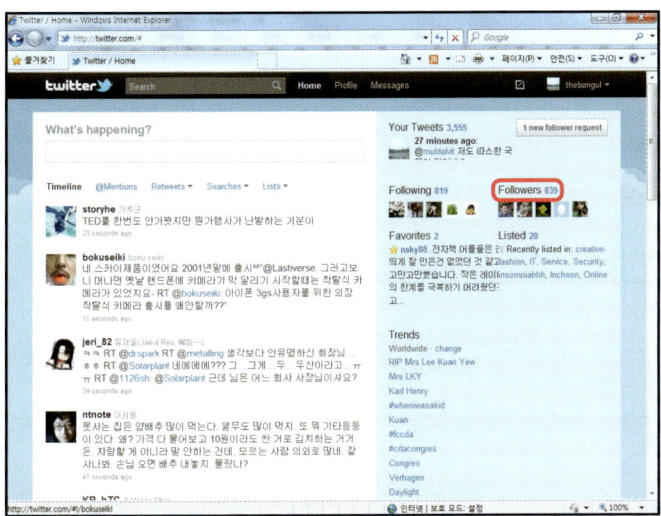

02 나를 Follow한 사람들의 목록 중에 아이콘이 [➕]가 되어있다면 내가 아직 맞팔을 하지 않은 상대입니다.

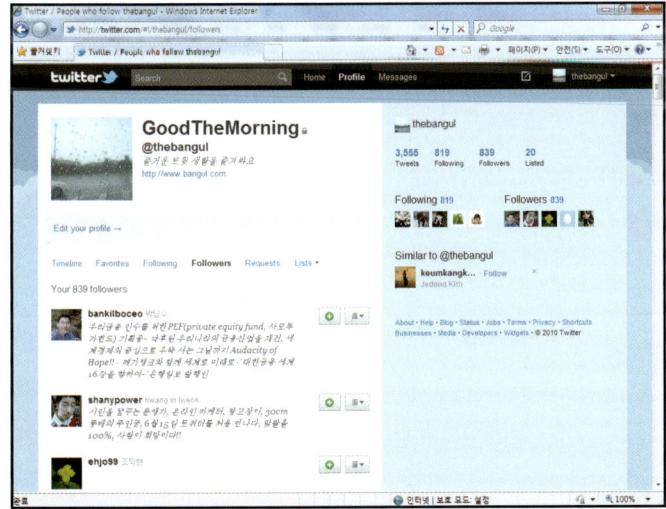

03 맞팔 할 사용자의 오른쪽에서 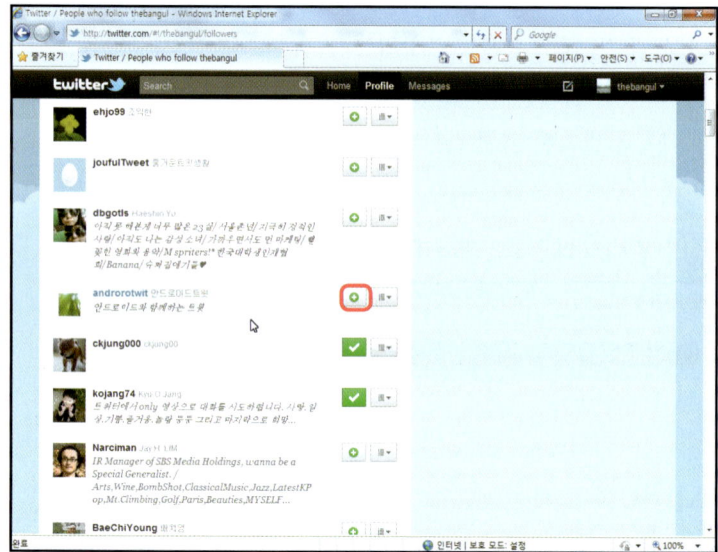 을 클릭합니다.

04 팔로우가 되면 V 표시의 아이콘이 나타나며 팔로우가 되었음을 알 수 있습니다.

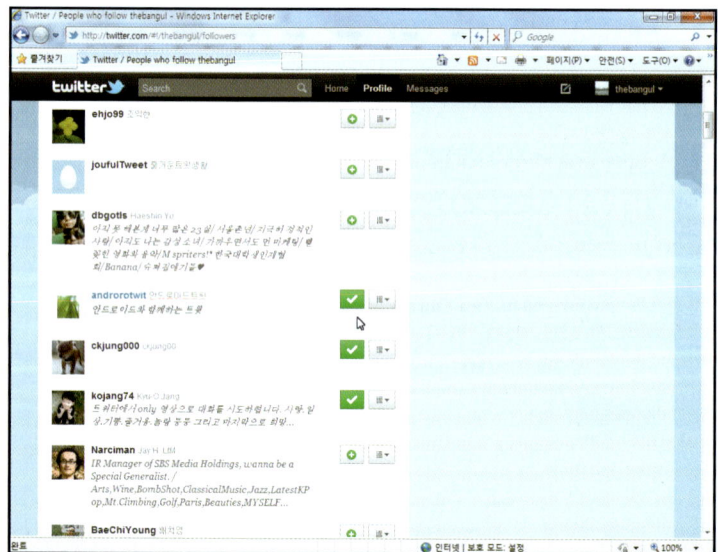

> **Tip**
>
> 팔로어들이 많다고 그 사용자가 트윗을 잘 사용하는지는 관계가 거의 없습니다. 어느 정도 이상의 팔로어가 생기고 나면 그 뒤는 자신이 얼마나 트윗을 잘 작성하고 관계를 맺어가는가에 있습니다.

정말 보기 싫은 광고를 올린다든가 시끄럽게 트윗을 어지럽힌다면 그런 사용자의 글을 보지 않는 방법이 있습니다. 블록을 하면 해당 사용자가 올리는 글을 내 타임라인에서 안 볼 수 있습니다.

01 트위터 메인화면에서 마음에 들지 않는 사용자의 아이디를 검색하겠습니다. 예제에서는 muldalvit 사용자를 찾습니다.

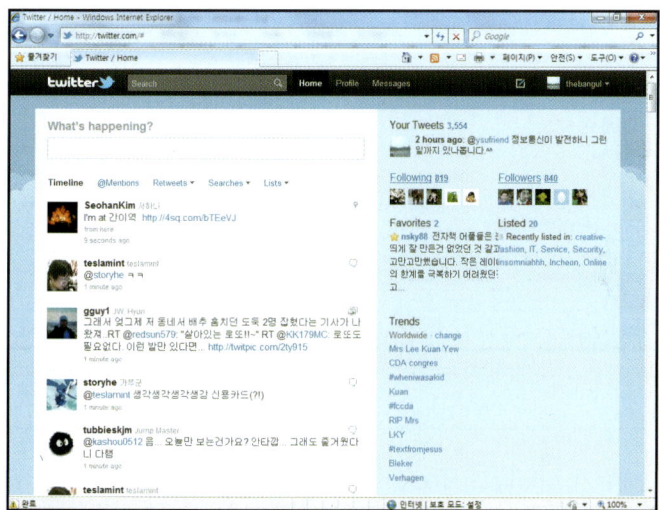

02 Search 창에 마음에 들지 않는 사용자의 아이디를 검색하고 결과가 나타나면 아이디를 클릭합니다.

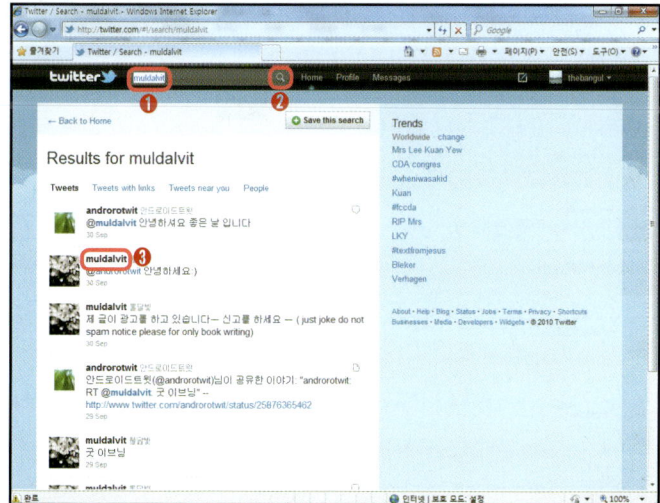

03 프로필 오른쪽에 보면 설정 아이콘( )이 있습니다. 한 번 클릭합니다.

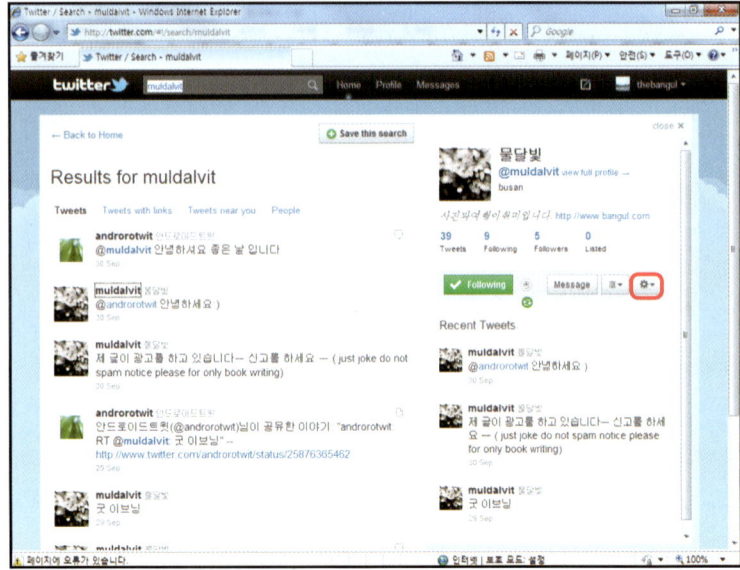

04 메뉴가 나타나고 Block 사용자 아이디 메뉴가 나타납니다. Block 할 사용자 아이디를 클릭합니다.

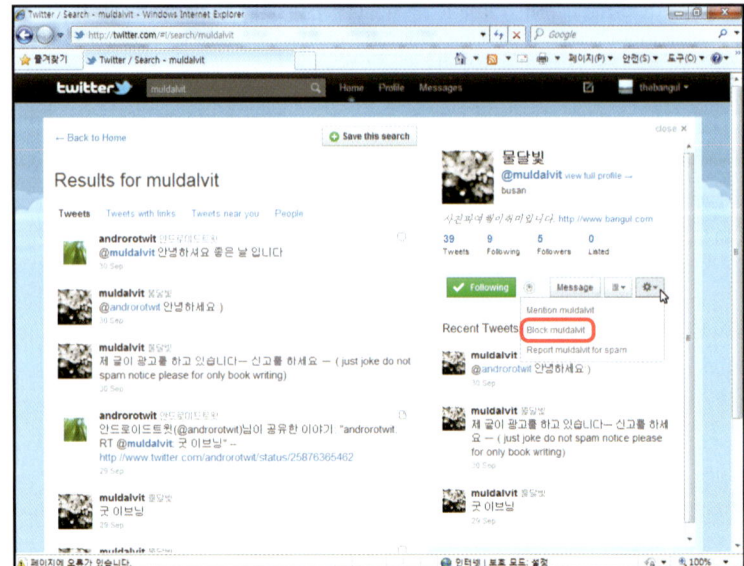

05 사용자 프로필 아래에 Blocked가 표시되고 더 이상 이 사용자의 글을 볼 수 없습니다.

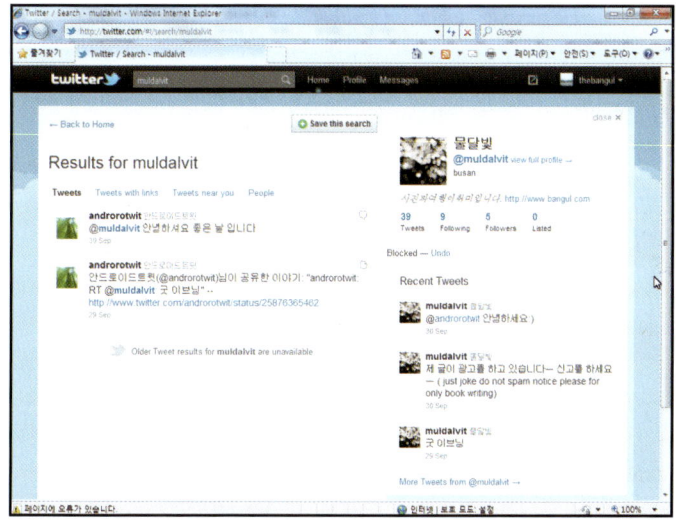

05 언블록(un-Block)하기

블록을 했던 사용자가 사실은 알고보니 다른 이유가 있었다던가 실수로 블록한 경우에는 블록을 해제할 수 있습니다.

01 트위터 메인화면에서 블록한 사용자의 아이디를 검색해야 합니다.

02 이전 예제에서 블록했던 사용자인 'muldalvit'을 입력하고 돋보기 아이콘(🔍)을 누릅니다.

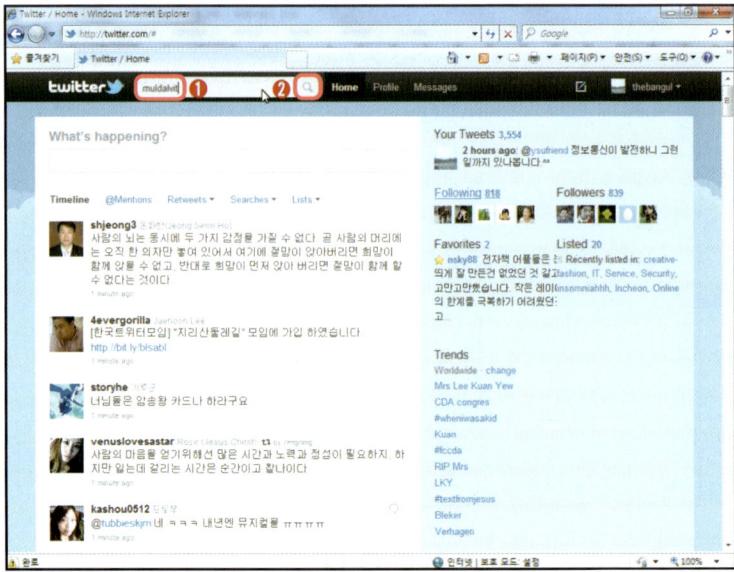

03 @아이디가 보인다면 아이디를 클릭하고 프로필 아래에 있는 Undo를 누릅니다.

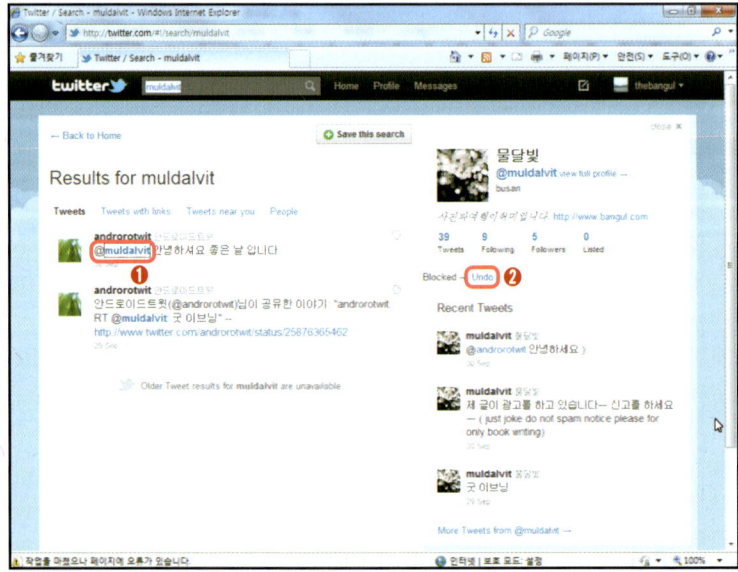

04 블록이 해제되고 Follow를 할 수 있는 상태(기본상태)로 변경
이 됩니다.

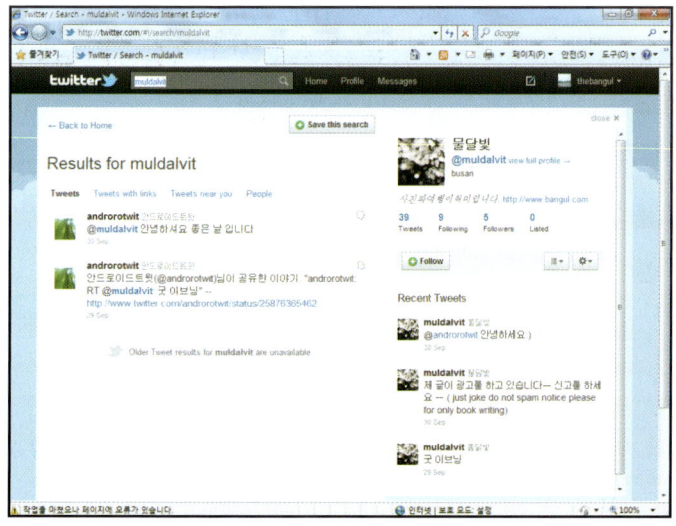

06 스팸신고하기

트윗 자체가 스팸이나 광고성 글들로 도배되어 있는 사용자가 있다면 스
팸신고를 할 수 있습니다.

01 아이디를 입력하고 돋보기 모양 아이콘을 눌러 검색합니다.

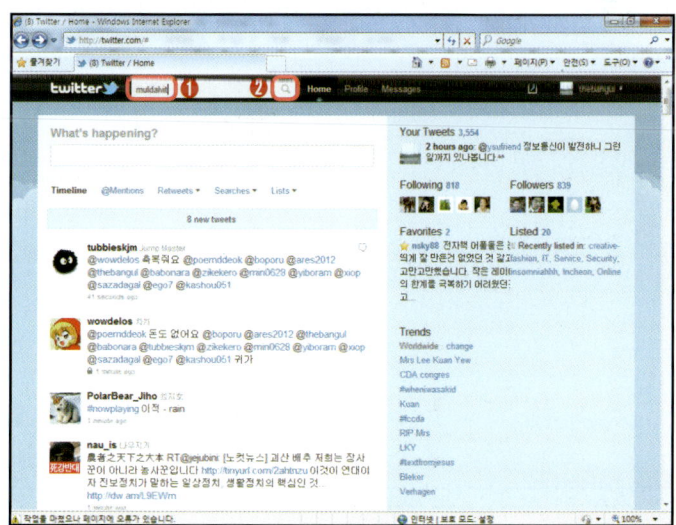

02 사용자 아이디를 누릅니다.

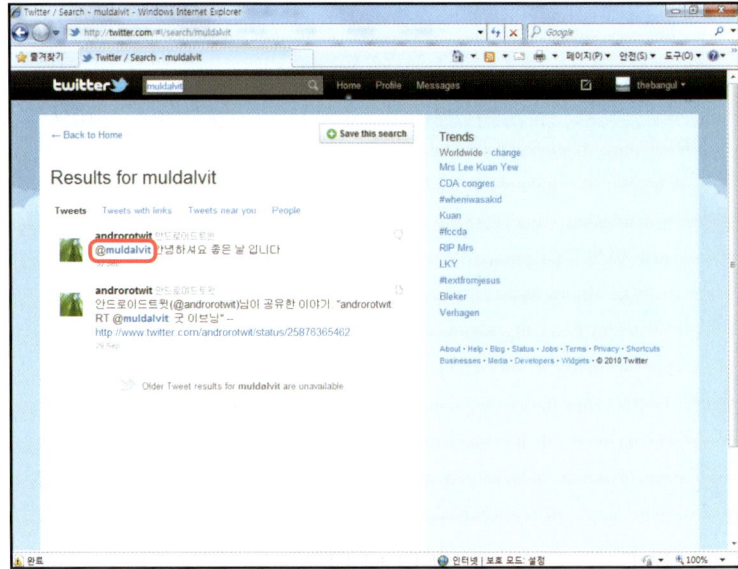

03 사용자의 프로필이 나타나면 오른쪽에 위치한 설정 아이콘(⚙)을 누릅니다.

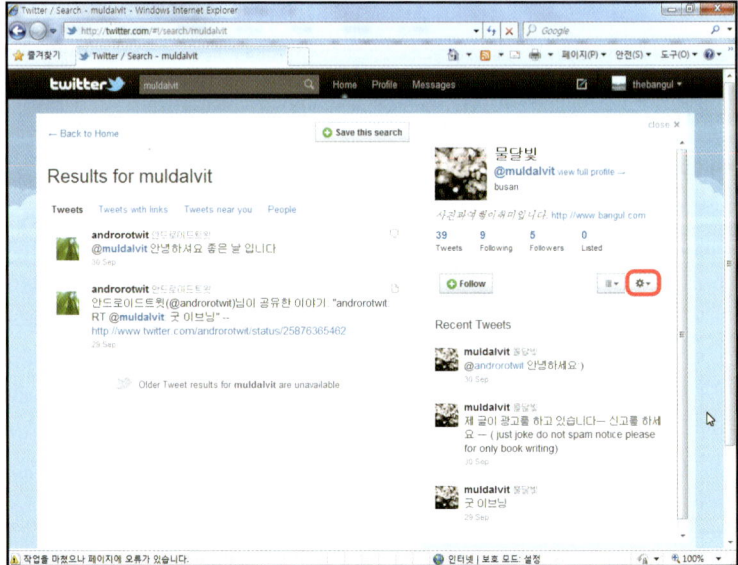

04 [Report 사용자 for spam]을 누릅니다

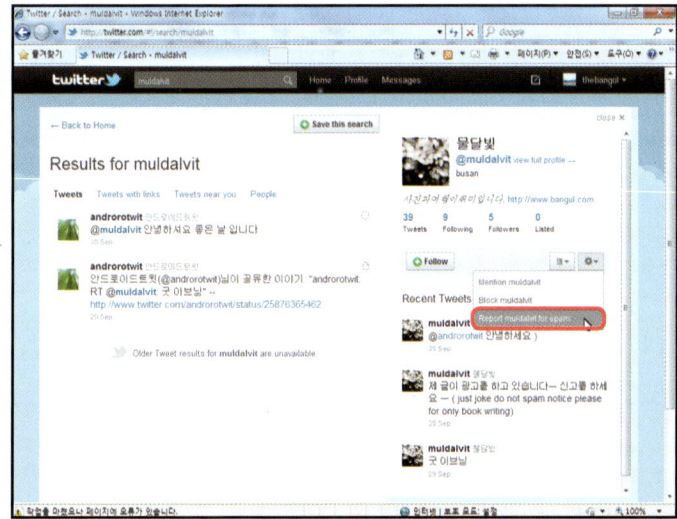

05 자동으로 블록과 동시에 스팸으로 신고가 되었습니다(undo 를 하면 스팸신고를 철회할 수 있습니다).

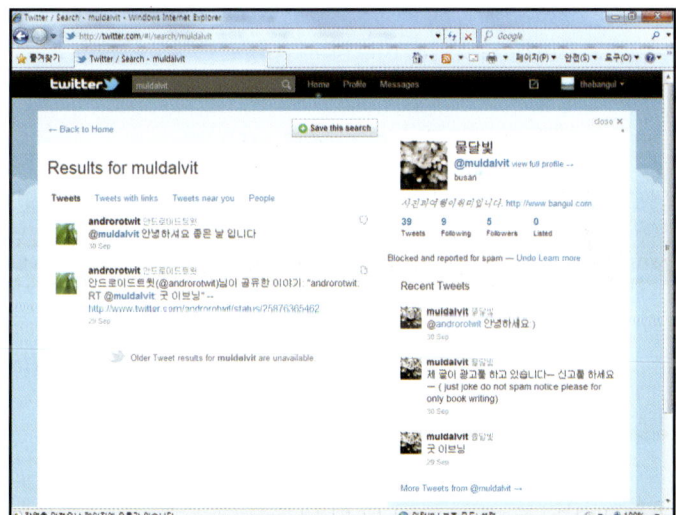

Tip

사용자를 팔로우, 언팔, 맞팔, 블록, 언블록, 스팸신고를 하는 기능은 아이디를 알고 있다면 검색을 해서 한 번에 처리할 수 있습니다. 타임라인에서 해당 사용자를 찾기가 어렵다면 위와 같이 아이디의 일부분만으로도 검색이 가능합니다.

Section
05
멘션 주고받기

멘션은 특정 사용자에게 @사용자 형식으로 쓰는 트윗을 말하며 이렇게 멘션을 쓰게 되면 해당 사용자가 자신의 멘션타임라인에서 볼 수 있습니다. 멘션을 주고 받는 방법을 알아보겠습니다.

---

01 **나에게 온 멘션(Mention)보기**

가장 빈번하게 발생하는 경우는 나에게 멘션이 왔는데 모르는 것입니다. 복잡한 타임라인에서 나에게 이야기하는 글을 찾는다는것 자체가 어렵기 때문에 사용자의 아이디를 이용한 멘션이 있는 것입니다.

01 트위터 메인화면에서 [@Mentions]를 누릅니다.

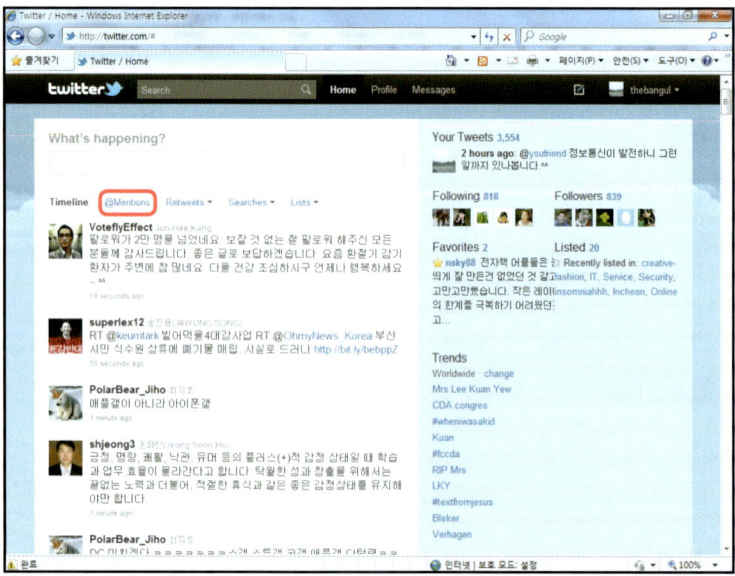

02 나의 아이디를 붙여서 작성한 멘션이 한 번에 모두 보입니다.

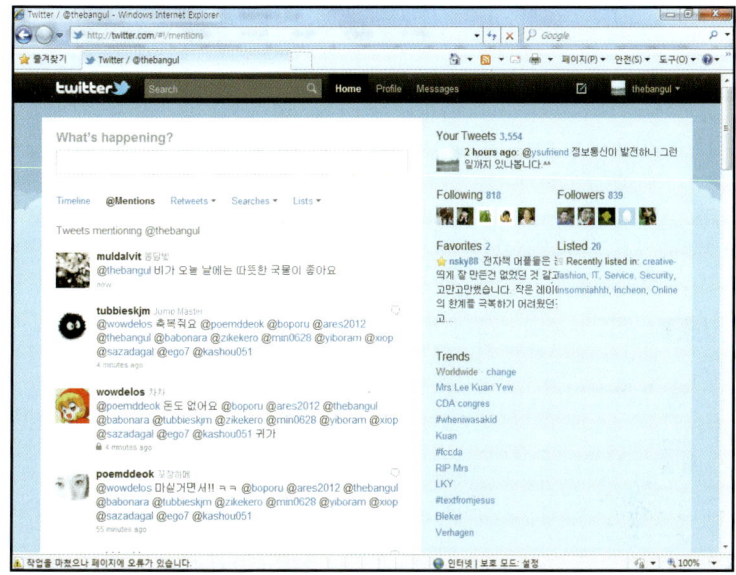

Tip

멘션 페이지를 보고 있을 때 새로운 멘션이 나타나면 상단에 [New *
Tweets]라는 버튼이 나타납니다. 페이지를 여러 번 다시 새로고침하지
않아도 됩니다.

02 멘션(Mention)에 답글하기

멘션이 있을 때 이 멘션에 답글을 하는 방법입니다. 멘션에 답글은 굳이
필요하지 않다면 안해도 되지만, 멘션이 많은 트위터가 인기가 많은 건 사
실입니다.

01 트위터 메인화면에서 [@Mentions]를 누릅니다.

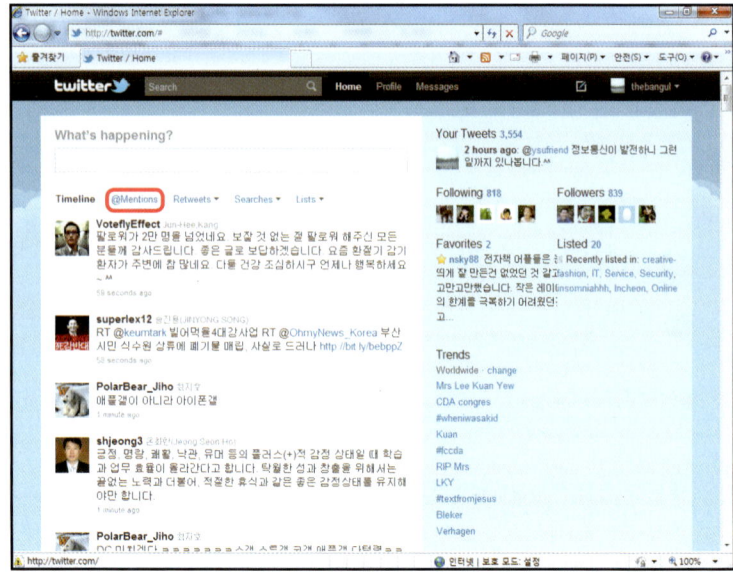

02 나에게 온 멘션 중에 답을 하고 싶은 멘션 위에 마우스를 올립니다.

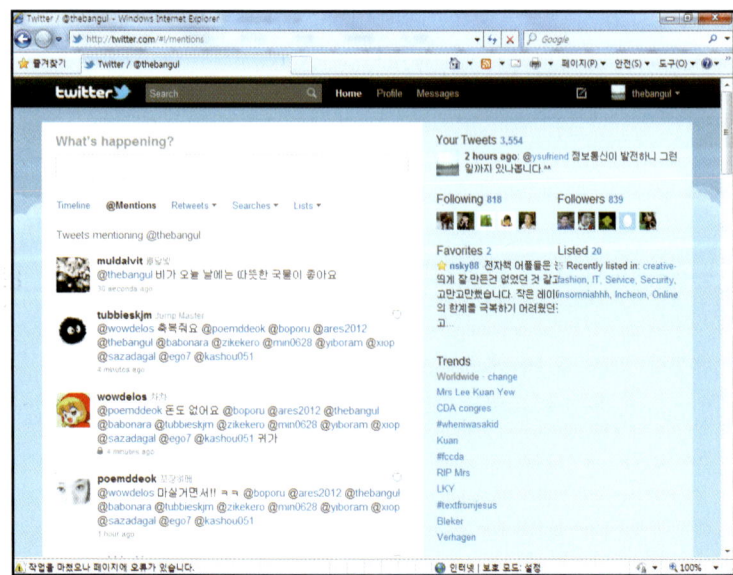

03 [Reply]를 누릅니다.

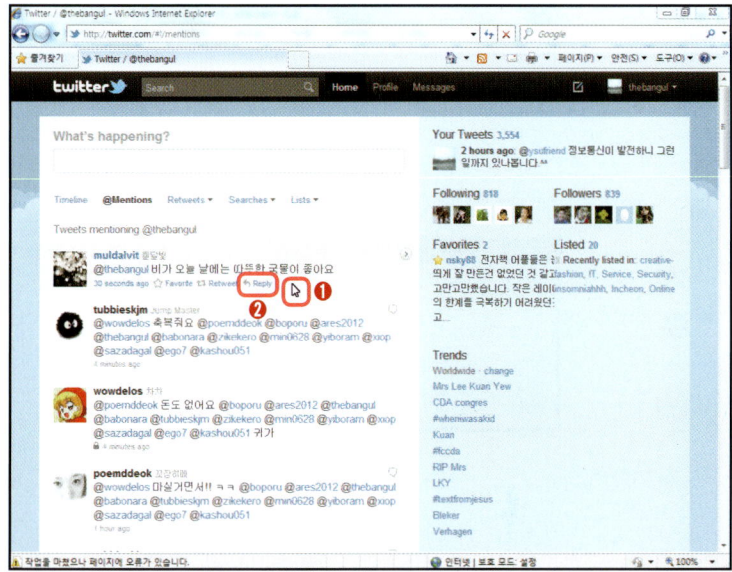

04 Reply to 사용자 창이 나타나며 미리 사용자 아이디가 나타나 있습니다. 지우지 않도록 주의 하고 답글을 작성합니다.

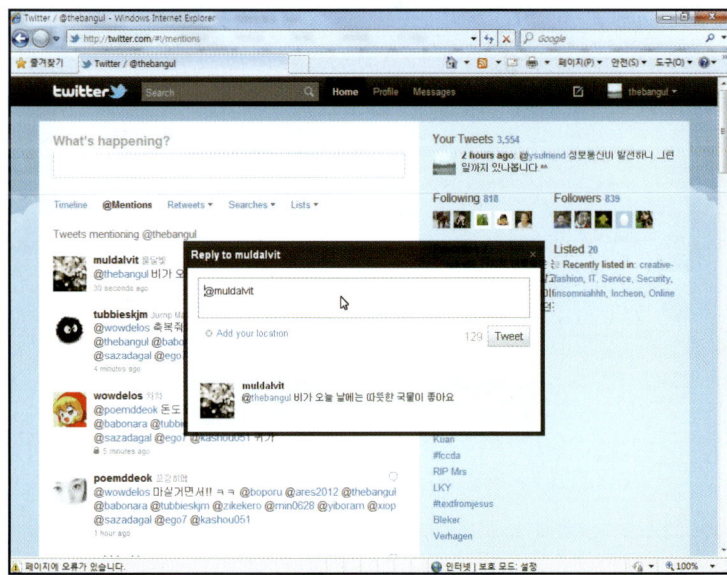

05 답글을 작성했으면 [Tweet]를 누릅니다.

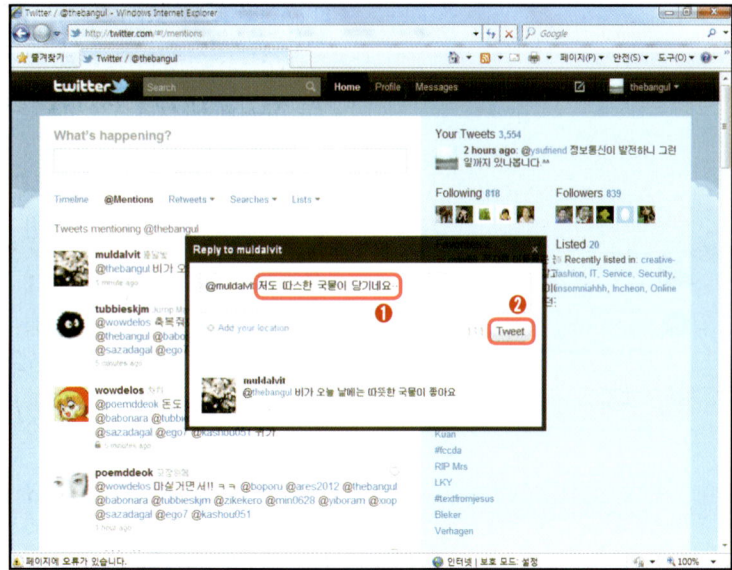

06 멘션 답글을 성공적으로 보냈습니다. 트위터 메인화면으로 이동하기 위해 [Home]을 누릅니다.

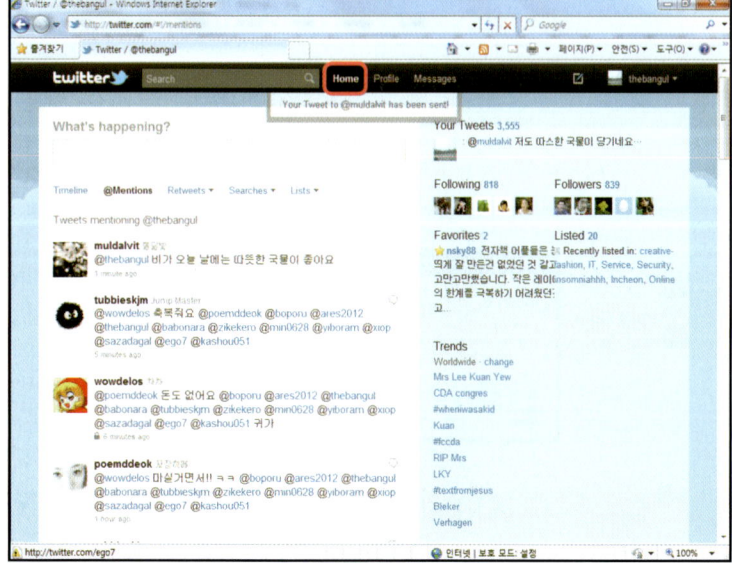

Message 주고받기

Message는 DM의 기능으로서 다른 사용자와 공유하지 않고 비공개로 보내는 쪽지 기능과 같습니다. 다른 사람에게 보여서 안될 이야기나 전화번호 등의 개인정보를 보내는데 사용할 수 있습니다.

---

01 Message 쓰기

직접 메시지를 작성하고 보내 보겠습니다.

01 트위터 메인화면에서 [Message]를 누릅니다.

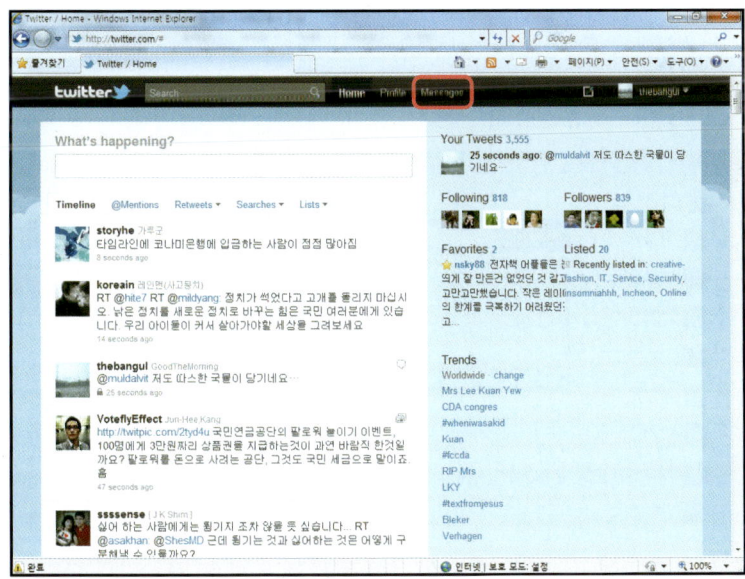

02 [New Message]를 누릅니다.

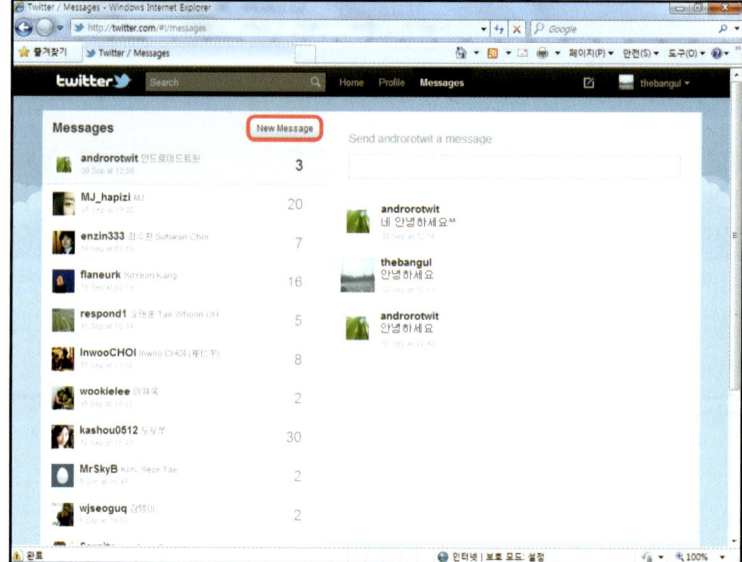

03 Message창이 나타나면 위쪽에 아이디 입력창을 누릅니다.

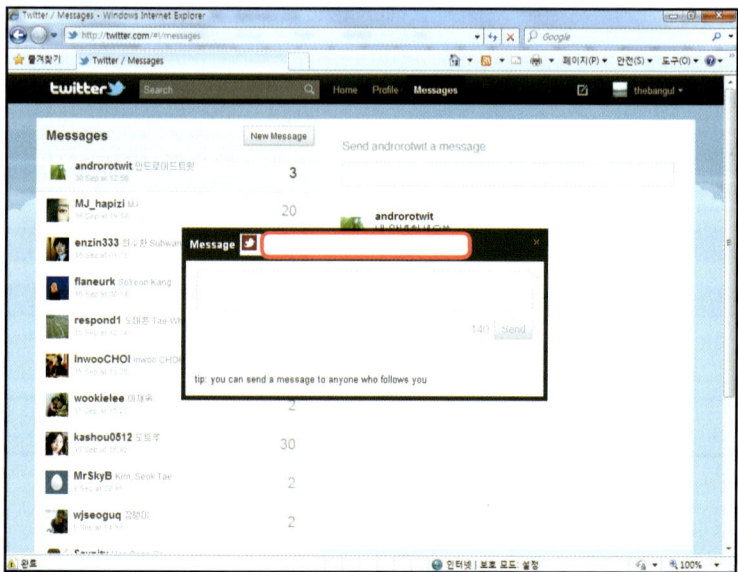

04 아이디를 일부만 입력해도 나의 팔로어 중에서 선택이 됩니다.

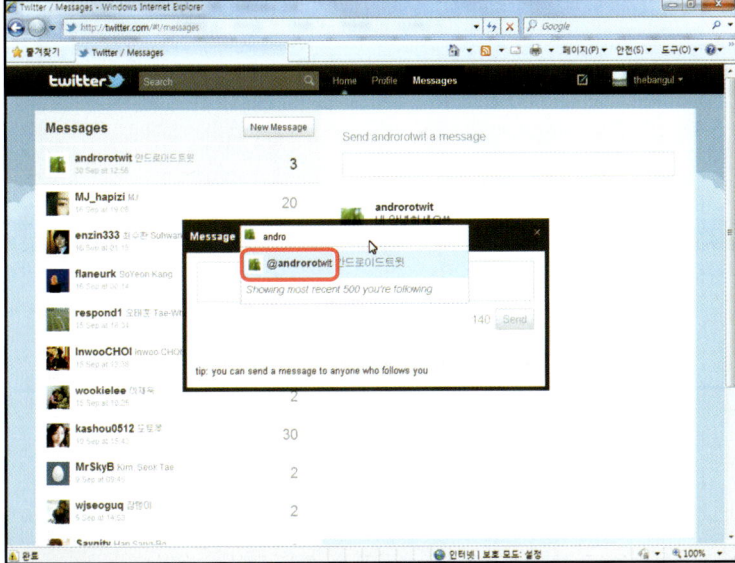

Tip

Message는 내가 팔로우한 상대에게만 보낼 수 있습니다.

05 내용을 작성하고 [Send]를 누릅니다.

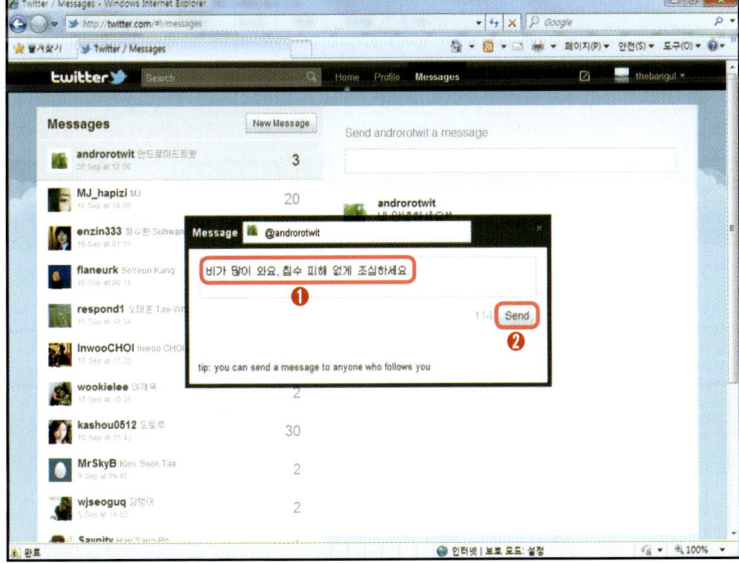

06 Message가 보내졌습니다.

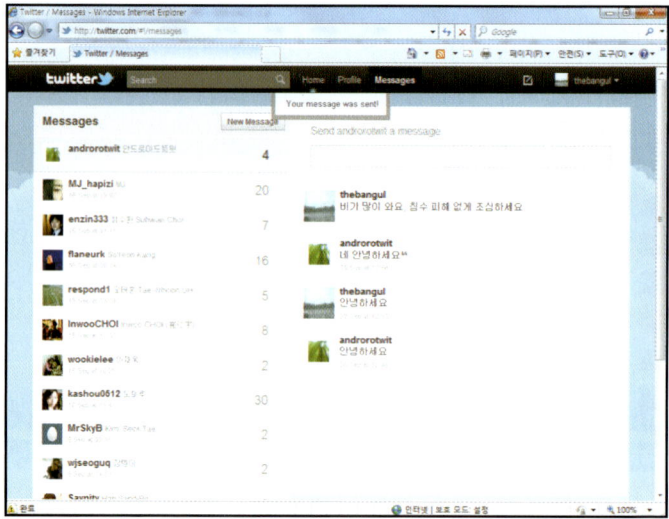

나에게 쓴 메시지에 답을 하는 방법입니다.

01 트위터 메인화면에서 [Message]를 누릅니다.

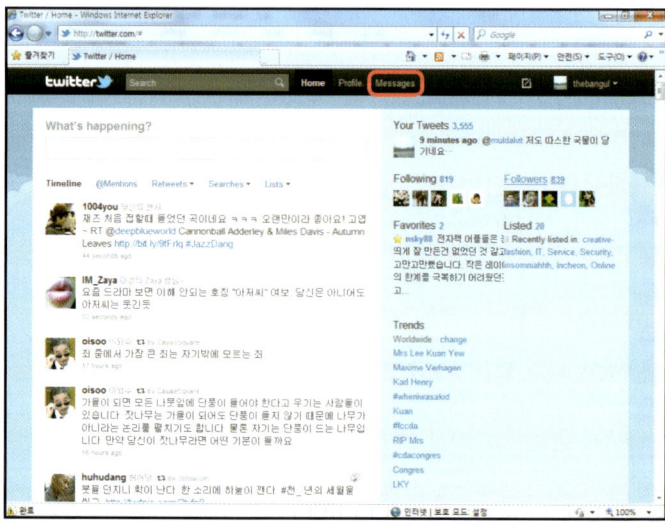

02 나에게 Message를 보낸 사람들이 모두 나타납니다. 사용자 프로필을 누르면 오른쪽에 "Send 사용자 a message"가 나타납니다.

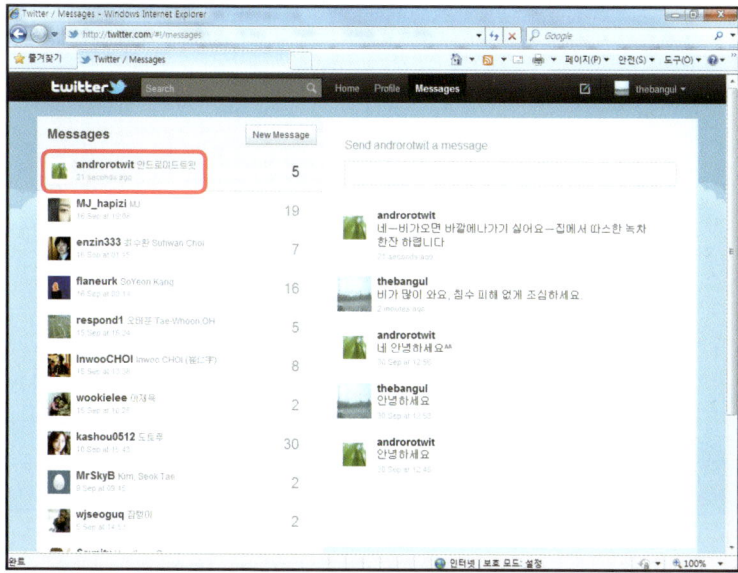

03 Message로 보낼 내용을 입력하고 [Send]를 누릅니다.

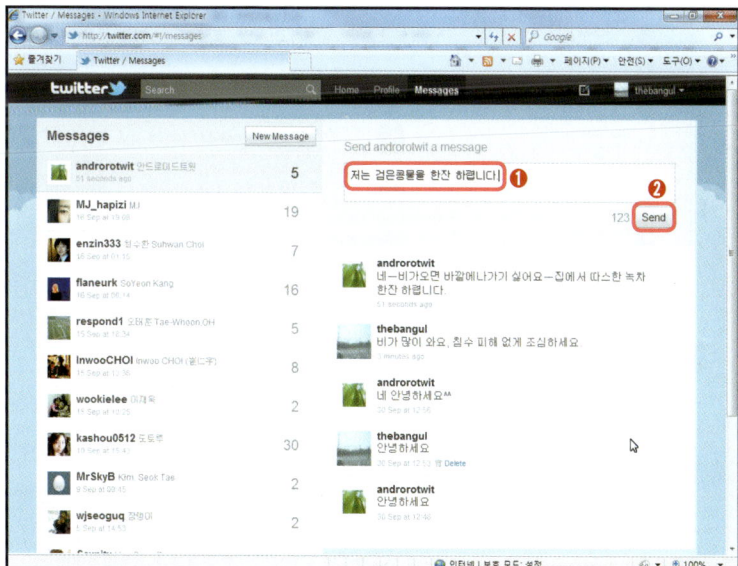

04 다른 아이디를 클릭해 보도록 합니다.

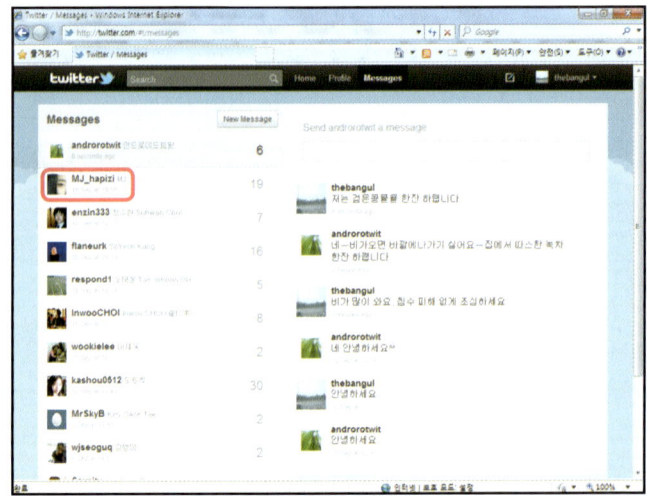

05 다른 아이디에도 메시지를 보낼 수 있습니다. 내용을 입력하면 보내기 버튼이 나타납니다.

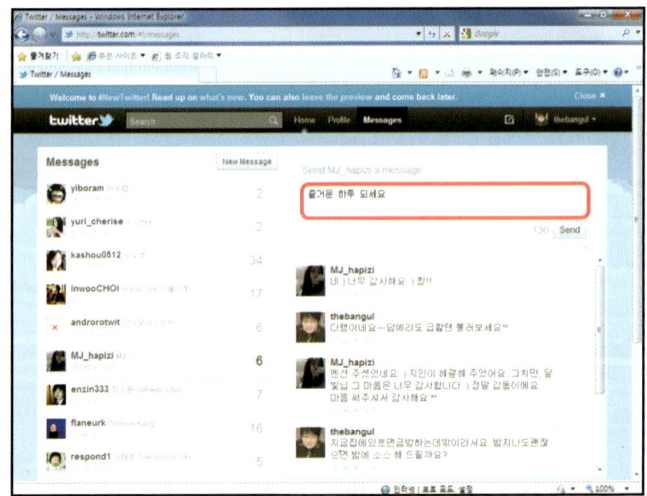

> **Tip**
>
> 인터넷 브라우저를 이용한 트윗은 상당히 많은 변화를 가져왔습니다. 이전에는 없던 기능들이 많이 생겼고 디자인도 많은 변화가 있었습니다. 사용자 위주의 인터페이스지만 영문으로 되어 있고 가끔 어려운 문장들이 등장합니다. 사용빈도는 주로 집에서 사용하게 되지만 모바일 인터넷으로도 비슷한 인터페이스로 사용할 수 있으니 간편하게 사용하는 사용자에게 어울립니다.

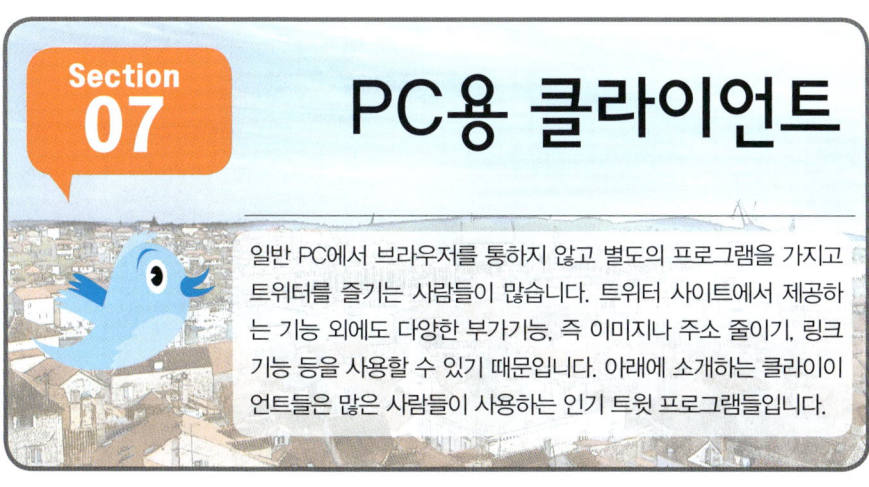

PC용 클라이언트

일반 PC에서 브라우저를 통하지 않고 별도의 프로그램을 가지고 트위터를 즐기는 사람들이 많습니다. 트위터 사이트에서 제공하는 기능 외에도 다양한 부가기능, 즉 이미지나 주소 줄이기, 링크 기능 등을 사용할 수 있기 때문입니다. 아래에 소개하는 클라이언트들은 많은 사람들이 사용하는 인기 트윗 프로그램들입니다.

01 트윗덱 TweetDeck (http://www.tweetdeck.com)

■■ 컬럼이 상세히 나뉘어 있어서 많은 양의 트윗이나 이벤트에 참가할 때, 사용자별로 트윗을 확인해야 할 때 좋습니다.

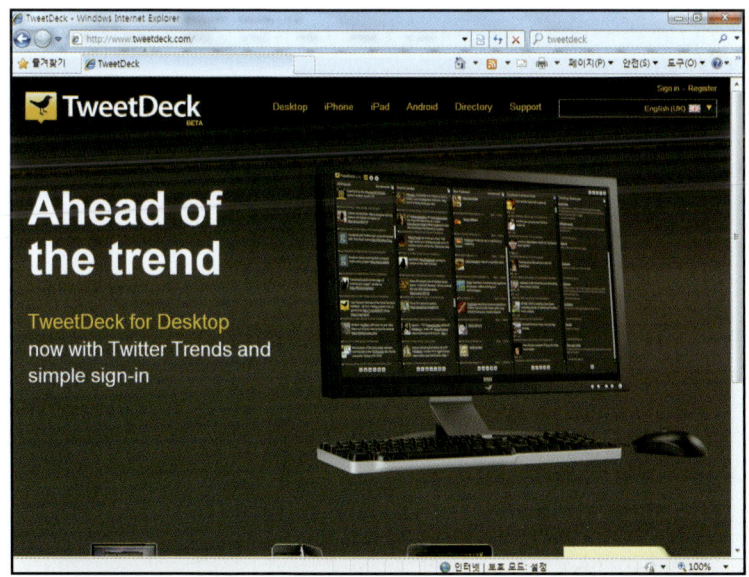

■■ Adobe Air기술을 사용하기 때문에 맥, 윈도우, 리눅스에서 모두 사용이 가능합니다. 페이스북과 연동도 가능합니다.

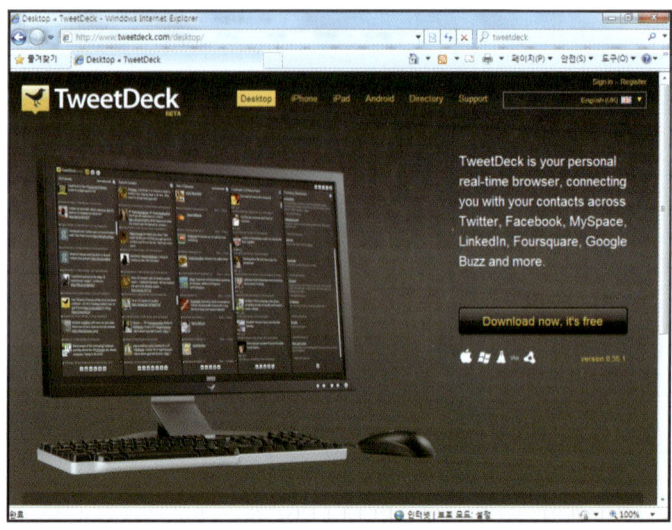

씨스믹 Seesmic (http://seesmic.com/)

■■ 데스크톱용 어플리케이션이면서 참신한 인터페이스를 가지고 있습니다.

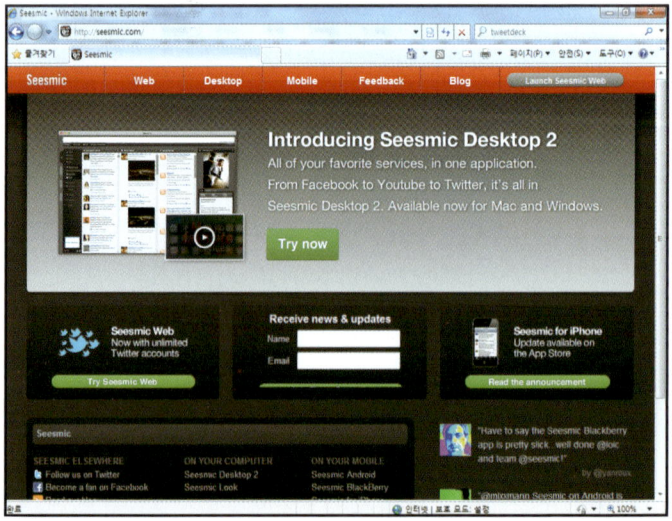

■■ 역시 윈도우와 맥을 지원하고 있습니다.

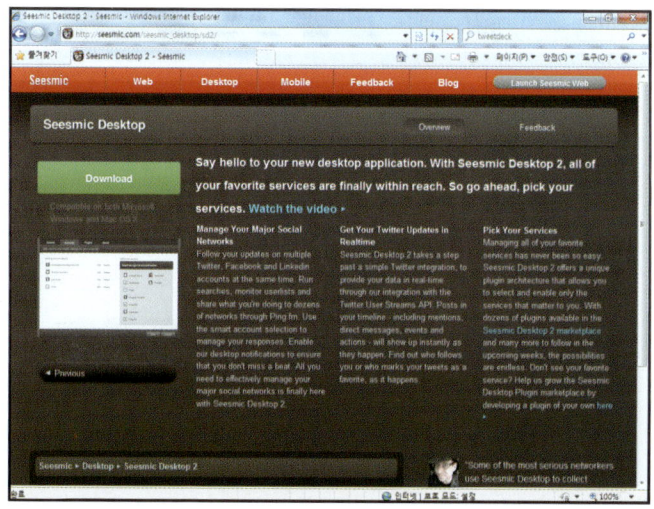

03 블루 blu (http://www.thirteen23.com/experiences/desktop/blu)

닷넷프레임웍으로 만들어진 디자인만을 중시한 프로젝트의 결과물입니다.

■■ 창도 예쁘고 글쓰기도 편하지만 30분도 못가 리밋에 걸려
버립니다.

> ### Tip
> 리밋은 과도한 접속을 막기위해 트위터에서 접근을 제한하는 방법
> 입니다. 프로그램이 시간당 360회 이상의 접근을 하면 접근제한
> 에 걸려 더 이상 내용을 받아오지도, 글을 쓸 수도 없게 됩니다.

■■ 그저 흘러가는 트윗들을 구경하는데 쓴다면 이만한 클라이언트도 드물다고 볼 수 있습니다.

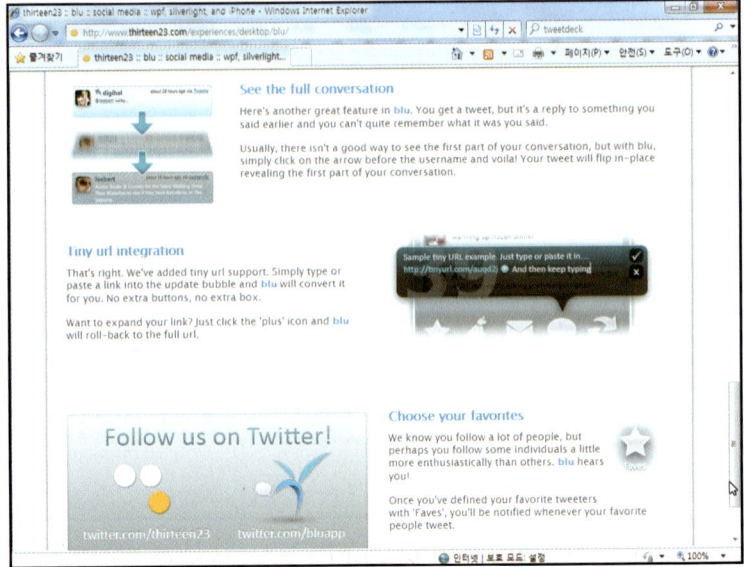

Tip

PC용 프로그램들은 사람들의 호불호(好不好)가 너무 명확히 갈리는 부분입니다. 여러분이 여러 가지 클라이언트를 설치해 보고 그 중에 마음에 드는 것을 사용하시기 바랍니다.

Section
08

MAC용 클라이언트

맥을 사용하는 사용자들도 클라이언트 프로그램이 있습니다. 대부분 애드웨어지만 구매 가격이 비싸지 않고 굳이 구매를 하지 않더라도 지장없이 사용할 수 있습니다.

01 트위티 twitee (http://www.atebits.com/tweetie-mac)

■■ 편리한 기능과 함께 광고가 나오는 정도 외에는 별 제약이 없는 맥용 클라이언트로 사용자가 꽤 많습니다.

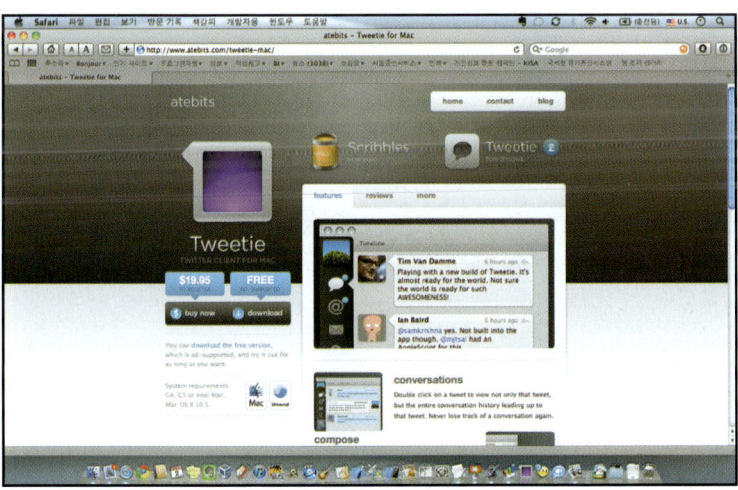

■■ 멀티계정을 등록해서 사용할 수 있으며 이렇게 등록된 사용자들마다 따로따로 팔로잉, 정보보기가 나타납니다. 지금까지 써 본 맥용 클라이언트 중에서 가장 깔끔합니다.

키위 kiwi (http://kiwi-app.net)

■■ 다른 기능보다 테마를 마음대로 선택하고 만들 수 있는 특이한 인터페이스를 가진 앱으로 트위티와 비슷한 형태를 가지고 있습니다.

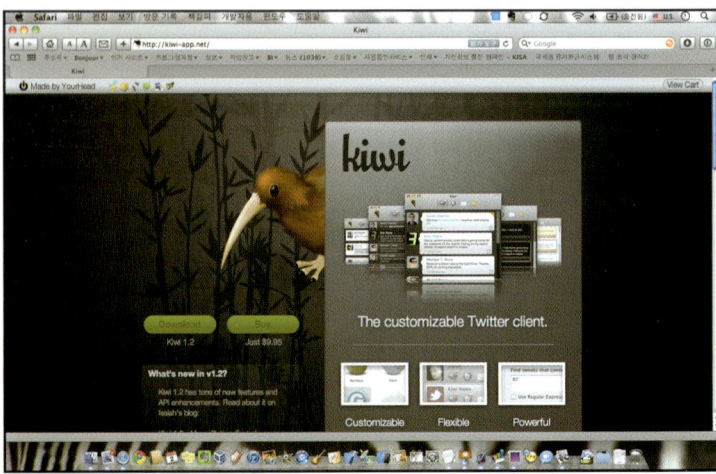

테마를 바꾸는 것에 취미가 있다면 제공되는 API를 사용하면 됩니다.

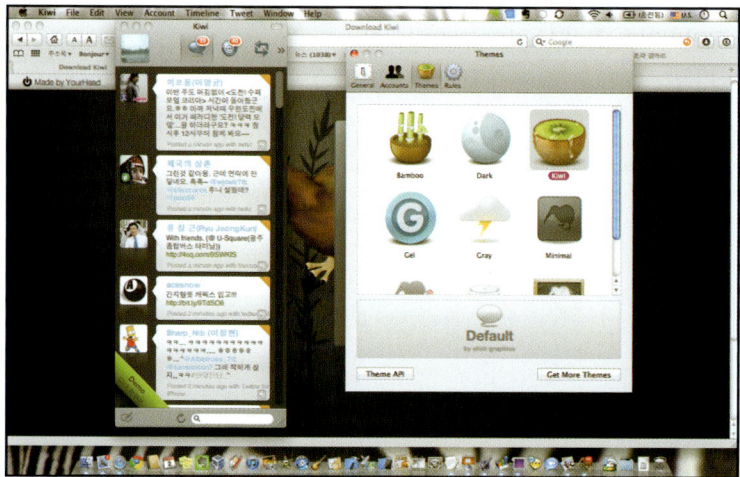